U0564218

浙大城市学院城市大脑研究院读本系列出版项目

CAMPUS BRAIN
校园大脑

借鉴杭州城市大脑"始终在线、一键直达"的治理理念，
打造"一脑治校园、两端同赋能"的高校治理新生态，为全国高等教育数字化改革探路。

洪庆华 主编

徐慧萍　方　洁　杨　枨 副主编

ZHEJIANG UNIVERSITY PRESS
浙江大学出版社
·杭州·

图书在版编目（CIP）数据

校园大脑 / 洪庆华主编；徐慧萍，方洁，杨桭副主编. -- 杭州：浙江大学出版社，2024.6（2025.4重印）. ISBN 978-7-308-25133-4

Ⅰ. G649-39

中国国家版本馆 CIP 数据核字第 20241661XB 号

校园大脑

XIAOYUAN DANAO

洪庆华　主编　徐慧萍　方　洁　杨　桭　副主编

策划编辑	吴伟伟
责任编辑	陈　翩
文字编辑	刘婧雯
责任校对	丁沛岚
封面设计	李腾月
出版发行	浙江大学出版社
	（杭州天目山路 148 号　邮政编码 310007）
	（网址：http://www.zjupress.com）
排　　版	浙江大千时代文化传媒有限公司
印　　刷	浙江新华数码印务有限公司
开　　本	710mm×1000mm　1/16
印　　张	13.25
字　　数	204 千
版 印 次	2024 年 6 月第 1 版　2025 年 4 月第 2 次印刷
书　　号	ISBN 978-7-308-25133-4
定　　价	78.00 元

版权所有　侵权必究　印装差错　负责调换

浙江大学出版社市场运营中心联系方式：（0571）88925591；http://zjdxcbs.tmall.com

序

这本书是从杭州城市大脑到校园大脑的探索与实践成果。

王坚院士在云栖大会上曾经说过:"城市大脑是杭州献给世界城市的礼物。"2016年4月,在王坚院士的指导下,杭州开始探索城市大脑建设,经历了从数字治堵到数字治城再到数字治疫三个阶段,形成了基于城市大脑的城市数字治理范式,为城市治理体系和治理能力现代化提供了可复制推广的先行经验。在城市大脑建设期间,我先后以杭州市经信委主任和发改委主任的身份协助王坚院士,并在新冠疫情之初牵头设计了城市大脑标志性场景"亲清在线"。2020年4月,我到浙大城市学院担任党委书记,开始借鉴城市大脑理念和技术架构,着力推进校园大脑建设。

杭州是"数字治理第一城",浙大城市学院作为一所市属高校,推进数字治理具有得天独厚的条件。在杭州市数据资源局的支持下,学校成立了以校长罗卫东教授为院长的杭州城市大脑研究院,启动校园大脑建设。因为有城市大脑建设的理念和经验,校园大脑的建设一开始就确立了"152"整体智治体系架构,致力于研究高校数字治理系统解决方案,为全国高等教育数字化改革探路。

事非经过不知难。本以为高校不像超大型城市那么复杂,数字化改革实施起来相对容易,而事实上同样碰到了重重困难。困难不是来自技术,而是来自数字化理念确立难、来自数据壁垒破除难、来自数字化需求凝练难、来自制度流程再造难,等等。它同城市大脑建设一样,需要"一把手"亲力亲为整合各方资源,需要组建工作专班强有力地实施,其中学校办公室主任徐慧萍研究员的统筹,以及杨枨、方洁、颜晖三位教授的深度参与发挥了不可替代的作用。经过三年多持续不断的探索,我们走出了一条基于整体智治的高校数字化改革之路。

　　数字化改革是高校现代化治理的必由之路。我们的探索只是初步的，仅仅反映了校园大脑在建设过程中的主要思路和案例经验，但我们相信，这样的探索对全国高等教育数字化是有益的。

　　我们期待与更多的专家、高校和各类组织共同研究推动教育数字化，助力新时代教育高质量发展。

洪庆华

2023 年 12 月

编写说明

数字化是全球教育变革的重要方向,也是深入推进高等教育现代化的重要引擎与关键路径。高校作为实施高等教育的主体,以数字化改革推动高等教育高质量发展是必由之路。浙大城市学院自 2020 年初转设公办高校以来,借鉴杭州城市大脑"始终在线、一键直达"的治理理念,一开始就确立了"152"整体智治体系架构,以整体智治为目标,以数字化改革为抓手,通过构建"互联互通、内外协同"的校园大脑,旨在打造"一脑治校园、两端同赋能"的高校治理新生态,重塑面向未来的高等教育新范式,为高校整体智治提供先行经验和"城院样板"。

本书以浙大城市学院三年建设校园大脑的探索与实践为基础,全面总结凝练校园大脑建设的方法论、体系架构和场景应用。全书由绪论和四章组成。绪论介绍数字化时代对高等教育变革提出的挑战,提出面向未来教育的基础设施变革是承载教育创新的基石;第一章介绍从城市大脑到校园大脑的方法论演变逻辑,以及校园大脑的架构方法;第二章介绍数字化改革与高校治理的关系,以及基于场景治理的高校整体智治逻辑,并以浙大城市学院的实践探索为基础,提出整体智治的总体框架和实施路径;第三章介绍校园大脑的体系架构,包括总体技术架构、数字基座、中枢系统、智能引擎、场景智能和驾驶舱等;第四章择取在数智治理空间、学生培养空间、教师发展空间、科研创新空间和智慧校园空间五大空间逐步生长的、具有代表性的数字化应用场景,逐一介绍场景的建设背景,以及如何以问题与需求为导向,通过架构技术路线与治理手段,实现高校业务一体化治理。

本书绪论部分由洪庆华撰写;第一章由方洁、乔子媛编写;第二章由徐慧萍、宋强编写;第三章由杨枎、陈利锋、金苍宏、彭彬、夏平平编写;第四章由场景建设人员和相关研究人员共同编写,其中单场景部分中,"数智一课堂——学在城院"由颜晖、杜鹏英、叶华平、陈培宇、姚瑶共同编写,"学生安全预警"由张美宁、俞诗情共同编写,"一城搜索"由朱聪、祝黎丽、沈雨禾共同编写,"畅行校园——一码通"由陈利锋编写,"停车早知道"由潘燕军、叶奇伟、宋强共同编写,"校园一体化运维"由郑强编写,多跨场景部分中,"数智二课堂——爱活动"由邵欣、张义哲共同编写,"规划一件事"由张美宁、丁昱共同编写,"入职一件事"由刘翔、张愉共同编写,"买书即报销"由周文芳、成建权、张悦、成韬、沈雨禾共同编写,"意见直通车"由孙水明、朱皆笑、严君芳共同编写,"决策一件事"由朱皆笑、祝晨影共同编写,"二级学院无感考核"由高征兵、丁丹丹、祖文玲共同编写。全书的统稿工作由徐慧萍、方洁完成。

本书的所有作者均亲身经历了校园大脑的建设。在本书编写过程中,场景建设部门与城市大脑研究院研究人员紧密协作,形成实践探索与理论研究相辅相成、共同促进的工作机制,力图提炼出一些通用的技术手段与治理方式以支撑校园大脑的普适化发展,以期给未来更深层地建构校园大脑理论体系提供一个可能的基础。本书较为系统、全面、客观地阐述了校园大脑的相关概念、内涵要义、技术架构和典型应用案例,反映了校园大脑在建设过程中的主要思路、经验总结和未来价值,是一本可供高等院校在推进数字化进程中参考的通识性用书。浙大城市学院校园大脑的建设曾得到浙江大学信息技术中心陈文智教授团队的大力支持,本书的构思和编写,参考了《城市大脑白皮书(2020年)》和《城市大脑通论》两本书,在此对陈文智教授团队和两本书的作者表示由衷的感谢。

"道阻且长,行则将至;行而不辍,未来可期。"随着数字技术的不断更新和数字化改革的不断推进,校园大脑的概念、理论和内涵将会不断发展和完善,基于校园大脑的整体智治仍是一项漫长而艰巨的工作。本书的编写是一个初步尝试,主要的实践素材截至2023年12月。受限于编者的能力,难免有不妥和疏漏之处,恳请专家、读者指正。

目　录

绪　论　面向未来教育的基础设施变革

人类因教育而文明。数字化时代下高等教育正在经历变革与重塑。

纵观世界文明史和社会发展史,每一次科技革命和产业变革都给生产力带来质的飞跃,也同时给教育带来跨越式发展。[①] 特别是在人工智能的冲击下,科技更新的不断提速催发生态改变,适配人才的需求量与教育供给能力间的张力越来越大。比如,高技术产业、新型服务业在劳动力结构中对复合型人才、创新型人才等需求倍增。高等教育直接接轨市场与社会,大学必须思考如何面对未来,如何承载新型高等教育,否则其本身的存在价值就会受到挑战。

迈向进一步的文明包含了对人之为人所需的尊重、人们对美好生活的向往所应有的自由、相应的资源与选择的权利。为此,高等教育在培养人、增进文明的使命中要不断做适应性调整。人工智能等技术无法取代的想象力、情感力、创造性、人文性、艺术性等的养育在大学这个场域生态中也是重要的生长内容。那么提供高等教育知识产品、养育智慧与精神的大学还能否承载这样的需求?这个问题需要大学对自身的精神气质、物质形态和能力进行全面审视。环境压力之下,能力困境纷呈,工业化时代成型的大学基础设施与教育模式所提供的能力已明显不适,仅靠人力、物力、财力等的资源扩张解决不了本质问题。大学需要更高的智慧来运行,包括基础设施、人和治理的智慧。

"今天的数字化就是 100 年前的电气化"[②],数字化带来资源与动力的改变。在领略过产品创新、价值创造的林林总总的单项精彩后,互为掣

---

① 雷朝滋.推进教育数字化的实践探索与实施路径浅析[J].大学与学科,2022(4):1-8.
② 中国工程院院士王坚:未来,算力有望成为衡量经济发展的关键指标[EB/OL].(2022-08-01)[2024-01-25].https://wxb.xzdw.gov.cn/xxh/ghzc/20220801_267198.html.

肘和组织熵增也将复杂性治理的难度显现了出来。高校治理体系与治理能力是高等教育知识传授与精神养育的基本保障,这个体系与能力的基础则是大学校园与教育的基础设施及基础制度。数字化时代下,大学这个知识与精神的输出容器依靠基础设施的变革才能获得足够的能量。这种变革不是个别化碎片式的变革,是整体性变革。单向度的聪明不是智慧,各组成部分协调配合形成整体规模级能量输出才是智慧。这些需要首先在基础设施上得到实验支持与训练,这也就意味着高校教育相关基础设施要具备整体性能力,将冲突和矛盾降到最小,将资源消耗降到最小,将效率与效益提到最大,为面向未来的创新提供支持。

在城市大脑出现之前,很难想象基础设施如何变革才能获得这种能力。2016 年始于杭州的城市大脑实践"从零到一"地为这种想象开创了真实理念、架构与场景的模型。一座城市基于城市大脑这个数字化基础设施实现了治理体系与治理能力的现代化。从中受到启发,基于高校与城市这个主体语境的对应,我们设想可在高校内建立整体性的数字化基础设施。通过实践试验,校园大脑由此而生。它的建设目标与运行逻辑对应以大学为主体的教育治理体系与治理能力现代化,为此在语境上,其实复合了技术语言与治理语言,但更应复合文化教育理念。这样,从数字化到智能化,才有可能真正达到智慧化。从"数字治理第一城"到"数字治理第一校",在城市大脑方法论的应用上,杭州市属高校浙大城市学院(以下简称城市学院)与城市同频,以"基于校园大脑的整体智治"做了一次高等教育数字化转型的勇敢探索。

联合国教科文组织于多次会议提出面向未来的教育发展策略并发出倡议。2015 年 11 月,联合国教科文组织第 38 次大会正式发布"教育2030 行动框架",进一步重申全球教育 2030 年的发展愿景为"确保全纳、公平的优质教育,使人人可以获得终身学习的机会"[①]。未来,数字化赋能高等教育职能的充分实现,将进一步促进人类个体的全面发展,使社会

---

① 徐莉,王默,程换弟.全球教育向终身学习迈进的新里程——"教育 2030 行动框架"目标译解[J].开放教育研究,2015(6):16-25.

的全面进步和人类可持续发展成为更具可行性的时代命题。^① 基于这一愿景,各个国家也在积极推动教育数字化转型。中国的教育数字化转型经历了从传统的"电化教育"到与现代信息技术融合的变革与发展,并于2022 年初正式提出启动教育数字化战略行动。

面向未来的高等教育至少在以下三个方面已提出了要求,而数字化既是背景,又是赋能之术。

首先,科学的育人体系。谁拥有创新型人才,谁就能在科技创新中占据优势,掌握开创未来的主导权。育人是高等教育的根本任务,也是核心使命。信息与数字技术改变了知识的存储方式和传播速度,人们获取知识变得更便捷、更全面,对学生所应具备的知识、能力和素养之间关系的认识发生了根本性变化。这意味着教育理念、教育价值、课程体系的再定位、再认知、再深化,也将引发"培养什么样的人、如何培养人、培养了什么样的人(教育评价)"一系列关键问题的变革与重塑。

其次,适宜的大学形态。传统学科制度强调知识的分工和知识体系的相互区隔,而数字化技术颠覆了传统的单门学科层制模式,通过扁平结构重新整合课程,学科之间、专业领域之间正在由分离走向更持续的交叉和融合。^② 未来,数字化转型也将逐步打破学习空间、学习时间、学习地点等局限,高等教育将从学习的终点变为终身学习的节点。这些将直接影响高等教育的招生方式、教学模式、知识生产模式、学科建构模式,继而对未来的大学组织形态、办学范式等产生深远的影响。西安交通大学的创新港、城市学院的"微校区"等都对未来大学可能呈现的新形态做出了很好的探索。

最后,现代化的治理体系。新技术变革的重要特征是信息的数字化和主体的多元化,管理制度将从自上而下的管理逐步转型到广泛的利益相关者的协同治理。^③ 目前,我国大多数高校在管理决策、教学科

---

① 世界慕课与在线教育联盟秘书处.高等教育数字化愿景目标与行动倡议——《无限的可能:世界高等教育数字化发展报告》节选七[J].中国教育信息化,2023(1):73-81.

② 世界慕课与在线教育联盟秘书处.高等教育数字化愿景目标与行动倡议——《无限的可能:世界高等教育数字化发展报告》节选七[J].中国教育信息化,2023(1):73-81.

③ 潘懋元,李国强.2030 年中国高等教育现代化发展前瞻[J].中国高等教育,2016(17):5-7.

研、后勤服务、校园基础设施与环境等板块已初步实现数字融合,但为回应面向未来教育的需求,高等教育治理的内涵与路径仍要不断创新和拓展。高等教育数字化转型仍然面临诸多挑战,尤其是需要培养能够甄别真场景、擅用优质数据和可信算法的场景支持人员,包括管理人员与教师等。

生长中的校园大脑开始显现其整体智治的吸纳整合功能,通过数字化基础设施的变革,将以上教育数字化的环境生态纳入整体智治。通过整体智治,育人体系、大学形态治理,有望在一个多维协调、多方协同的系统视野和战略部署下,通过数字化、智能化、智慧化的技术治理能力来支持高等教育的适时变革。本书就是基于该实践实验所得提炼并贡献通用模型的通识读本。在本书的四章中,第一章"基于校园大脑的整体智治"说明基于校园大脑的整体智治是什么,如何产生并生长;第二章"以数字化改革驱动整体智治"呈现了校园大脑建设是由何种力量引领推动,如何一步步实现的;第三章"校园大脑体系架构"从数字化基础设施的实体意义上展示了校园大脑的技术架构;第四章"校园大脑应用场景"精选了13个完成闭环的数字化应用场景,以真实在线、实战实效来例示校园大脑"以生为本"、发育程度、"化入场景的治理"的真实态。

在写作整理中,我们经常会想起《俄勒冈实验》(*The Oregon Experiment*)这样一本在大学建设中频繁被推荐的经典图书。[①] 它是"加州大学伯克利分校环境结构中心系列丛书"的第三卷,主要介绍美国建筑师亚历山大花费八年的时间研究创立的一门关于建筑人性化的学说。该书提出了有机秩序、参与、分片式发展、模式、诊断和协调六个原则,并以俄勒冈大学的实例来说明这些原则是如何付诸实践的。同为面向高等教育场域的思考与实践,本书所描述的校园大脑整体智治的理念吸收了这一类诸多作品及案例中关于校园、关于教育、关于人的思想智慧。数字化时代高校的基础设施已被重新定义,高等教育的变革多维立体,极富挑战。但正如《俄勒冈实验》的作者所观察到的"世界上大多数美好的地方

---

① 亚历山大,西尔佛斯坦,安吉尔,等.俄勒冈实验[M].赵冰,刘小虎,译.北京:知识产权出版社,2002.

都是由本地人而非建筑师建造的",以城市学院为起点的校园大脑也希望以自己的建设经历来呼应这样一种"自己参与建设,共同定义智慧"的从基础设施到教育能力之路。数字化赋予能力,但智慧的教育一定是来自人、为了人。

第一章　基于校园大脑的整体智治

　　城市是一个有机体，学校亦是。一个有机体需要一个大脑来完成协调行动，乃至更智慧地生存发展。从城市大脑到校园大脑既是一种实践的演进，更是一种城市大脑于具体场景的方法论应用跃迁。它的通用基础是城市与高校均具有主体性。城市规模级的城市大脑经历了一个阶段的建设探索后，沉淀精粹出具备通用能力的方法论，它在广阔应用场景中形成二次创新。校园大脑就是其中具有代表性的示范。高校是以高等教育为主题的人的聚合。校园大脑是高校数字化、集成式的新型公共基础设施。基于校园大脑的高校整体智治是教育数字化转型中整体性系统化治理的范式。其中，资源整体化是解决治理能力碎片化的基础；中枢化是解决资源碎片化、系统不协同的有效手段，以低资源消耗实现高校教育一体化推进；场景是校园大脑数字化治理的基本单元。校园大脑不仅是一项技术创新，更是一项高校教育事业的系统创新。基于校园大脑的整体智治是高校整体观下技术体系与治理体系的高质量映射，体现了高校治理体系与治理能力的现代化进程。

第一节　城市大脑：从实践到理论

　　城市大脑是杭州献给世界的礼物。以一种全新的城市治理范式实践，一座城市为世界城市做出了特别贡献。以往的城市治理或体现为"条"，或体现为"块"，分立分散，未从一个整体上去对待；即便能够意识到"城市是一个有机整体"，但治理范式上未见根本性改变。以2016年4月至2020年12月31日近五年为一个阶段，从时间维度来观察，起源于杭州的城市大脑建设可谓是一场从未有过的城市规模级治理创新实验,提供了一个集成式城市数字化基础设施的实践样本。面对整个城市的整体性复杂治理需求,决策者和建设者们推动城市数字化转型,以城市的高质量可持续发展为目标,尝试基于城市大脑创新治理体系,提升治理能力。经历了治堵、治城的检验,及至在治疫中焕发出巨大的能量,五年穿透于社会系统的"控制实验"及真实成效让城市大脑的内涵相对稳固,城市大脑方法论初步形成。

一、时空观下的城市大脑

城市大脑的出现是"从零到一"的创新。2016 年 4 月,王坚院士在为云计算寻找新的计算需求的过程中,首次向浙江省杭州市提出了"重新考虑城市的发展"的建言,提出"城市进化到今天,需要有它自己的智能""需要把城市真的当成一个生命体来看待,只不过这个生命体是由那么多人共同来组织的"。城市大脑概念也由此而来。2016 年 9 月,二十国集团(G20)领导人第十一次峰会在中国杭州举行,这让城市治理能力的自我审视有了更强的紧迫感,比如被视为"一个城市的尊严"的交通。经 G20峰会的催化,在 2016 年 10 月的云栖大会上,杭州市政府、企业联合发布杭州城市大脑建设计划,并选择以治理拥堵作为场景起步。

交通繁忙促使城市道路建设增量加速,当空间资源达到极限时,便开始运用治理手段如发布限行政策来解决交通问题。以交通切入城市大脑建设的构想来自一个目标假设:"让每个城市都取消车的限行,所有的道路发挥最高的使用效率。"今天的中国,每个城市大概都要拿出 20%—25%的土地来修路。以往的城市治理决策,一是依赖于主观经验,二是依赖于客观经验,主要以统计、调查来反映,而且在精确性上还存在较大的欠缺。由此便质疑"资源的利用效率",比如现有道路的利用情况。互联网、大数据的发展提供了"有足够的数据资源去思考如何(重新)构建城市"的机会,即让城市公共资源的使用效益优化。"如果经过城市大脑的努力,可以帮助城市省下 5%的土地资源,这将为社会提供一笔巨大的财富，也会开启巨大的市场。"①若不新建道路也能解决交通问题，限行的约束自然亦可消解。那么，这个假设是否可证成？

城市大脑先从"智能技术应解决更复杂的问题"出发。王坚院士认为，优化城市交通有两个基本的问题至今依然没有得到解决：一是即便是有智能系统，也并不能准确描述城市的某一时刻某一路段上有多少辆车；二是城市的规划管理者也还不能准确知道每位市民每天的出行计划。在杭州的城市大脑实验中，第一次真正地、准确地知道了某一时刻某一路段上有多少辆车，并且在此基础上，优化时间资源。也就是根据摄像头看到的交通情况，动态地调整红绿灯的配置。然后，当整个城市的活动都可以用一个大脑来协调的时候，一些特种车辆的行驶也可以大大节约时间。在不闯红灯的前提下，救护车到达救护地点的时间缩短了约50%，从15分钟左右降到7—8分钟。② 2016年12月，交通治堵初见成效。

城市大脑的设计初衷是为老百姓服务。城市大脑的功能就是让数据帮助城市来做思考、决策，将杭州打造成一座能够自我调节、与人互动的城市。2016年，城市大脑规划把城市的交通、能源、供水等基础设施全部数据化，连接城市各个单元的数据资源，打通"神经网络"，并连通城市大脑的超大规模计算平台、数据采集系统、数据交换中心、开放算法平台、数据应用平台五大系统进行运转，对整个城市进行全局实时分析，自动调配公共资源。2017年底，科技部发布了四个人工智能平台，其中就有城市大脑——一个对城市进行自我管理的人工智能系统。2017年的云栖大会上，城市大脑1.0正式发布第一阶段成果：接管杭州128个信号灯路口，试点区域通行时间减少15.3%，高架道路出行时间节省4.6分钟；在主城区，城市大脑日均事件报警500次以上，准确率达92%。在萧山，救护车到达现场时间缩短一半。2018年的云栖大会发布，杭州已实现296项一证办理事项，移动支付覆盖城市95%的便利店、98%的出租车，智慧医疗实现7000万人次就诊。城市大脑上线后，杭州市交通优化实现大幅

---

① 王坚.城市大脑下一阶段要让"路尽其用"[EB/OL].（2018-01-28）[2024-01-25]. https://www.yicai.com/news/5396089.html.

② 王坚.在EmTechChina全球新兴科技峰会上的发言[EB/OL].（2018-01-29）[2024-01-25]. https://www.mittrchina.com/news/detail/1140.

提升，以杭州市物理结构最复杂的上塘高架北向南文晖路口为例，其速度提升了 50%。直到 2020 年 12 月 31 日浙江省全省城市大脑推进大会发布《城市大脑白皮书（2020 年）》，杭州城市大脑建成 48 个综合场景，并为省内外多个城市的城市大脑建设输出经验。

二、城市大脑是什么

城市大脑是数字化、集成式的新型城市公共基础设施。城市是一个复杂生命体的集成，无法割裂物质与人的关系。王坚院士曾在 2018 年 1 月 28 日 EmTech China 全球新兴科技峰会上提到一个有趣的观点："我们所熟知的城市，它可能是人类有史以来发明的最大的智能硬件。"而杰弗里·韦斯特（Geoffrey West）甚至说道："城市事实上是人类大脑结构按比例缩放后的表现。城市是人们之间互动的代表，它隐藏在我们的神经网络中，并因此也隐藏在我们大脑的结构和组织中。"[1]数字化使其有别于传统的公共基础设施，集成式使其有别于互联网等相对独立的技术突破型新型基础设施。新型城市公共基础设施，重点在于"城市"级，是限定于城市的公共基础设施。

"当城市第一次有了马力，城市就必然需要道路；当城市引入电力，必然需要建成电网；当城市对算力产生依赖之时，必然需要有一个新的基础设施，这就是'城市大脑'产生的逻辑。""就像电网要建立是因为当时电的发明，城市大脑的引入是因为城市数据的积累。"[2]城市大脑的一个重要作用就是利用城市数据资源探索新的发展方式。它对治理体系与治理能力现代化的推动体现在：以数据为资源，以计算为能力，以系统集成为路径。2020 年 3 月 30 日施行的《中共中央、国务院关于构建更加完善的要素市场化配置体制机制的意见》，将数据与土地、劳动力、资本、技术等传统要素一道列为生产要素。数据是在基础设施上沉淀下来的，只要有基础设施，就会有数据，正如走在路上会留下脚印。

---

① 韦斯特.规模[M].张培，译.北京：中信出版社，2018：315.
② 王坚谈城市大脑：算力时代面临，城市大脑是基础设施[EB/OL].（2019-04-23）[2024-01-25].https://www.tmtpost.com/3899262.html.

2021 年 3 月 1 日施行的《杭州城市大脑赋能城市治理促进条例》(以下简称《条例》)是迄今唯一一个对城市大脑赋能城市治理做出规范的地方性法规。《条例》第三条对城市大脑做了概念归纳:"城市大脑,是指由中枢、系统与平台、数字驾驶舱和应用场景等要素组成,以数据、算力、算法等为基础和支撑,运用大数据、云计算、区块链等新技术,推动全面、全程、全域实现城市治理体系和治理能力现代化的数字系统和现代城市基础设施。"作为数字化、集成式新型公共基础设施,其核心支撑是由云计算、中枢系统、智能引擎构成,并协同场景、数字驾驶舱、系统与平台,形成一体化。云计算、中枢系统、智能引擎的关键作用可以类比于电气化时代的电厂、电网、电动机。城市大脑跑在云计算上,城市数据流动在中枢协议(包含区块链协议)里,数据的价值通过智能技术来实现。所以城市大脑是以系统集成为路径,达成计算能力的输出。这意味着它需要超越互联网、大数据、人工智能、云计算、区块链等各个单一的创新技术描述,将这些予以系统整合,吸纳进"数字系统"以及"现代城市基础设施"的定性,成为其内涵性工具载体。"中枢"一词在两种语境下使用:一是物理表征的技术构件;二是治理核心的中枢能力。中枢能力决定着城市大脑的智慧程度,也进一步影响着智慧城市的实现程度。中枢能力至今包含两个阶段:一是数据在线协同,辅助决策,充分调度;二是智能中枢。由人工智能去做中枢指挥,直接决策调度,执行城市管理。

三、城市大脑方法论的要点

城市大脑的建设生长代表了所在城市的文明、文化、价值观和精神气质。从数字化到智能化到智慧化,要为城市整体治理提供能力,需要理论也需要方法。从实践与实验中来,城市大脑方法论主要分为架构方法论、场景方法论与建设方法论。先于这些方法的,是需求牵引的"城市观"。①

(一)需求牵引的"城市观"

条块统合的整体性治理、民本需求导向和城市的整体需求构成了"城

---

① 方洁.化入场景的治理:城市、数字化与立法[J].浙江学刊,2023(5):12-23.

市观"的基本要义。以"城市"为规模思考治理方案,是一种更为综合、系统和理性的选择。城市区别于抽象的政府行政,是"市"与"民"真实生产生活关系发生的场域情境。城镇化的进程就是从乡村良治到城市善治的进化历史。当城市治理主体的身份、经济基础、环境发生变化,善治的内涵和方法亦需因应而变。"城市观"意味着在以城为规模下,"市"与"民"需求导向的治理规范需求为个体化,而非群体化。个体消耗资源也贡献资源,拥有主体性,为个体与公共活动贡献资源,形成公共事务个体事务的治理协同。治理需要回应的需求既有国家公共利益的需求并具象为自上而下的"条"的管理,又有城市群体与个体的具体需求并具象为城市自主的"块"的管理。为此,主体性、必要的资源、必要的基础设施、必要的管理才会得到考虑,并考验能否以最少的资源消耗达成最好的治理效果。城市观包含了民本需求与城市的整体需求两个维度。

民本需求。城市善治一是要强化城市中人的主体性——以人为本。"想要一个什么样的城市"主要应由所在城市的个体与群体来共同定义。城市人格品性塑造是非同质化的城市善治的起点。因为这样的价值取向将赋予资源配置优先级选择的正当性。二是要体现适宜性,即因地制宜、因时制宜、因事制宜。三是要遵循"资源节约"原则。

城市的整体需求。"今天,世界各国城市的可持续发展都面临很大的挑战,这些挑战也带来了一个难得的机遇,那就是利用机器智能解决城市发展过程中许多重要的问题,如交通治理。以互联网为基础设施,利用丰富的城市数据资源,对城市进行全局的实时分析,解决今天靠人脑无法解决的问题,有效调配公共资源,不断完善社会治理,推动城市可持续发展。这是城市大脑的基本思想。"[①]从技术载体而言,《条例》将城市大脑界定为"数字系统和现代城市基础设施";从治理功能而言,基于城市大脑的治理规模是全面、全程、全域,目标指向城市的治理体系与治理能力现代化。从技术到治理,城市大脑导向的治理规模的"三全",回应的是城市的整体需求。

---

① Wang J. Being Online: On Computing, Data, the Internet, and the Cloud[M]. New York: Arcade Publishing, 2021: 280-286.

(二)城市大脑架构方法论

城市大脑的架构方法论应包含理论架构方法指引下系统化的技术架构。但在初建时,这些都是融为一体的。以下的内容主要体现为从实践提炼的技术架构方法。2020 年 12 月 31 日于浙江省全省城市大脑推进大会上发布的《城市大脑白皮书(2020 年)》是最早也相对全面的,代表当时省、市、架构师、研究机构对城市大脑共识性理解的文字资料。① 在《城市大脑白皮书(2020 年)》的第一部分、第三部分,即"城市大脑总论""城市大脑总体要求与中枢架构"中,城市大脑是"由通用平台、中枢系统、系统与平台、数字驾驶舱和场景等基本要素构成,充分融合了云计算、大数据、区块链、人工智能等新技术。其中中枢系统是将各部分依照治理体系组织起来,形成城市治理的大脑,达到整体智治的目的"。

城市大脑通用平台基于省市政务"一朵云"、公共数据平台等政府数字化转型基础设施,以设区市为主体构建,总体框架包括逻辑架构、技术支撑、数据资源、标准规范、安全保障、应用服务、运营支撑等主要内容,具备基于统一云平台架构的计算能力、数据资源整合能力、算法服务能力、物联感知汇聚能力和网络安全保障能力五大能力。

城市大脑中枢系统包括基于中枢协议的系统互通和数据互通。通过中枢系统实现政府数据资源、社会数据资源的互联互通,保障城市业务信息即时在线、数据实时流动;通过融合存量数据和协同过程中产生的增量数据,不断创新迭代城市数据的整体建模、质量管控和场景化数据智能服务,实现跨层级、跨地域、跨系统、跨部门、跨业务的协同管理和服务,支撑多样化的场景应用。中枢系统是城市大脑的关键技术突破之一。城市大脑跑在云计算上,城市数据流动在中枢协议(包含区块链协议)里,云计算、大数据、区块链和人工智能等技术在中枢架构组织下形成了一个技术整体。

---

① 《城市大脑白皮书(2020 年)》共 67 页,包括"城市大脑总论""城市大脑的杭州探索和实践经验""城市大脑总体要求与中枢架构""城市大脑建设与运营""城市大脑在浙江和全国实践""城市大脑开放创新平台""结束语"七个部分。以下关于城市大脑组成部分的具体介绍大部分引用了该白皮书的说明。

城市大脑系统与平台以政府数字化转型为基础。市级部门建设的统称为系统，比如杭州市公安局建设的称为城市大脑警务操作系统。区（县、市）建设的统称为平台，比如杭州市上城区建设的称为城市大脑上城平台。系统与平台的重要作用之一就是数据的整合。系统与平台的好坏反映了条、块数字化转型的程度，其中的数据质量反映了数字化转型的工作质量。社会和企业的数字化系统与平台也是城市大脑的基础，例如，国网浙江省电力有限公司杭州供电公司也与杭州城市大脑实现了互通。

城市大脑数字驾驶舱是城市治理的数字化交互界面，是综合治理能力的体现载体。场景建设中的数据与治理实景通过数字驾驶舱展现和沉淀，可实时展示城市各方面的数据。城市大脑数字驾驶舱是城市管理者的日常管理工具，是决策支持和决策执行的"仪表盘""方向盘"。要围绕经济、政治、文化、社会、生态文明"五位一体"顶层架构，结合城市特色的分级指标体系，构建市级、部门、县（市、区）等多层级数字驾驶舱，[①]在杭州形成市级（一级）、副市级（二级）、市级部门及区（县、市）级（三级）、区（县、市）级部门及街镇（四级）、街镇部门及村（社）级（五级）的"五级机长制"。

城市大脑场景是城市跨部门、跨层级、跨区域、跨系统协同治理的事件集合。在杭州，已形成"便民直达""惠企直达""基层治理直达"三类场景。一个好的场景需要治理思想、系统与平台的结合。例如，杭州城市大脑"医院周边治理"场景就是跨部门（交警、城管和卫健等）、跨区域的协同，以街道为主体解决了过去多年都没有解决的问题。在城市大脑实践中，各部门和区（县、市）可以独立完成的便民、惠企和基层治理，没有多跨特点的，统称为应用，在狭义上有别于场景，也是数字化转型的重要工作，

---

① 2019年9月30日，在杭州城市大脑建设工作现场推进会上，城市大脑数字驾驶舱正式上线运行。作为面向各级政府和部门的数字化管理工具，数字驾驶舱为城市管理者提供了数据化、在线化、智能化的城市管理服务平台。依托城市大脑中枢系统的算力支撑，数据传递不再"逐级报送"，数字驾驶舱能将各部门、各层级的城市运行数据进行打通、融合、计算，实现横向贯通、纵向比较、在线监控和智能预警，为城市管理者提供较为科学精准的决策参考，成为各级各部门城市治理的"分析仪""扫描仪""指南针"。在使用层面，数字驾驶舱推出了大屏版、PAD版和手机版三个版本，全面支撑移动办公。"一部手机治理一座城市"，在杭州将率先变成可能。同时，驾驶舱还能根据不同的岗位、级别，严格区分权限，呈现个性化界面和内容，最大限度保护数据安全。

但在发展中,最后无论是单领域、单区域的应用,或是多跨的协同治理,都统合进了"应用场景"这个概念内涵,在立法中予以了确认。

城市大脑安全保障及标准规范体系指的是统一的城市大脑云平台安全体系,以及城市大脑体系架构、协议、接口、数据、传输、运营等技术标准及规范。

《条例》确认的城市大脑架构与以上差异不大,是对实践总结提炼后进行的立法转化,明确将城市大脑的技术架构提炼为中枢、系统与平台、数字驾驶舱与应用场景。中枢是城市大脑赋能城市治理的核心系统。各系统与平台数据通过中枢协同机制互联互通,实现业务协同、数据协同、政企协同,提升城市运行协同能力。系统与平台是对接中枢实现数据线上线下双向融合的数字系统。数字驾驶舱是通过中枢数据协同后形成的智能化、精细化、可视化的数字界面。应用场景是依托中枢,通过线上业务连接和数据协同计算,实现流程简化优化的综合系统。

(三)城市大脑场景方法论

场景即治理。不局限于系统,场景对应的是特定时空下的具体城市事务处理过程,以具体的便民惠企、基层治理等方面的问题诉求为回应,借助数智平台、城市大脑等基础设施的支撑,完成以最小量资源投入、最大成效治理并满足目标诉求的数字化治理基本单元。[①] 杭州在城市大脑1.0时期精做了48个场景,得以将场景治理理论更好地积累涌现出来。

1. 从技术到治理

城市数字化演进中,"场景"形成技术与治理的映射,以优越于分散的"行政管理行为"的统合概括力,开始成为城市治理的重要概念工具。"场景"原是电影戏剧中的用语,指代由布景、音乐、出场人物组成的景况;在叙事性文学作品中,场景指由人物在一定场合相互发生关系而构成的生活情景。场景的组成要素里包含人物、事件、环境。场景曾被信息科学专家定义为"以规范的活动、角色、关系、权力结构、规范(或规则)和内部价

---

① 傅志寰,吴志强.大城大道:中国超特大城市发展规模及结构战略研究[M].北京:社会科学文献出版社,2023:295.

值(目标、导向、目的)为特征的结构化的社会环境"①。经过实践的应用，"场景"一词进入《条例》并被定义为"依托中枢，通过线上业务连接和数据协同计算，实现流程简化优化的综合系统"。同时，《条例》规定公共管理和服务机构应当坚持"最多跑一次"改革理念，加强应用场景建设，依法推动跨业务、跨系统、跨部门、跨地域、跨层级的改革，实现公共管理和服务便民直达、惠企直达、基层治理单位直达。技术立场的理解很容易片面地将场景等同于数字化系统。然而，尽管场景搭建已是非常成熟的技术产品用语，但结合立法目的与已有实践不难发现，场景实则蕴含并映射(map)了治理的应用——承载了治理理念，是通过以数字化系统为主的技术架构来达成治理目标的一个治理结构，以多跨协同的数字化应用为特征。一个个场景组合起来才能走向城市、区县、街镇、社区等不同规模的治理全景。场景为基层全景治理打下基础。场景里治理体系的构建、方法论的应用、资源的投放配置决定了治理效能。城市大脑作为基础设施支撑不断优化的场景治理，进而支撑城市治理的整体性协同。场景端的建设目标则是：在问题意识的导引下统合条块，完成"民本"视角下"一件事"高质、高效的治理闭环，直到达成"人"的获得感。

2. 作为基础方法的数字化

"今天的数字化就是100年前的电气化。"②王坚院士提出，从20世纪50年代开始，随着数字技术的出现，数字计算机开始代替模拟计算机，我们从电气时代逐渐走到数字时代。计算机重塑了社会的架构与价值。今天，我们写的每一个字都是数字的，看的每一本书都是数字的，拍的每一张照片也都是数字的。数字化的视野，成了深藏在现代人基因里的生存本能。变化背后的本源力量是"在线"。在线是新世界的常识。互联网之前的信息革命完成了原子的比特化；而互联网的出现，则要完成比特的在

---

① 尼森鲍姆.场景中的隐私:技术、政治和社会生活中的和谐[M].王苑，等译.北京:法律出版社,2022:122.

② 中国工程院院士王坚:未来,算力有望成为衡量经济发展的关键指标[EB/OL].(2022-08-01)[2024-01-25].https://wxb.xzdw.gov.cn/xxh/ghzc/20220801_267198.html.

线化；大数据的本质是在线，在线是双向的，而数字化是在线的基础。①

从能力到方法，数字化首先呈现出一种异乎寻常的令人惊讶的能力。"用数据解决存在的问题，并不是数据的终极价值，数据可以帮助你探索尚未发现的问题，然后解决它们。好比望远镜、显微镜和雷达这三个发明。有了望远镜之后，人类才知道世界是怎样的。也就是说人类并不是因为知道太阳系的存在，才去发明一个望远镜来观察，而是人类根本不知道太阳系，有了望远镜之后，人类东看看西看看，才发现地球以外存在另一个世界。显微镜则可以让你看到以前从没见过的微小事物。大数据也会帮人类看到一个大到人类以前根本看不到的世界。""能够提前 10 分钟知道飞机在哪里，结果就会大不一样，这就是雷达的价值"——比别人早知道一点，就有更大的机会赢取胜利。② 城市数字化让观察者能够更开阔、更细致、更快地了解城市，看到一个凭借原先的能力无法"看到"的城市，甚至"预见"城市。由此数字化形成一种体现治理能力现代化的方法。

数字化生长出新型资源。城市数字化带来了重新认识城市、认知城市规模研究问题的视角，并构建起以数据资源为基础的城市新型资源观。数字化时代，城市资源不仅包括物理形态的自然资源，也包括非物理形态资源，尤其需要重视结构化的公共服务、数据等非物理资源。通过数据资源，可以进一步放大各类资源价值。③

数字化三要素。城市数字化是以数字化认知、数据在线与数字化基础设施为基础内容的方法论合集。凭借数字化基础设施，数据才能沉淀下来，城市数字化才得以拥有这种"极度宏观、极致微观、极限速度"的现代化能力以赋能城市治理。认知差异导致大量的概念混用或误读。比较严重的就是将数字化等同于信息系统化，甚至直接等同于"政府建系统"。这种谬误模糊了数字化本身的方法论定位，制约了数字化本可以发挥的能力，甚至走向愚蠢的滥用，加剧城市熵增。事实上，"迄今为止全世界还

---

① Wang J. Being Online：On Computing, Data, the Internet, and the Cloud[M]. New York：Arcade Publishing，2021：19-40.

② Wang J. Being Online：On Computing, Data, the Internet, and the Cloud[M]. New York：Arcade Publishing，2021：65-72.

③ 傅志寰，吴志强. 大城大道：中国超特大城市发展规模及结构战略研究[M]. 北京：社会科学文献出版社，2023：291.

没有一个城市完成数字化,对城市的认知尚未从一种粗略的统计走向微观精细,也无法精准优化城市资源结构配置,进而提升资源使用效率、突破城市承载力困境"①。

一个值得分析的实践案例来自杭州城市大脑便捷泊车场景。在这个场景中,数字化方法被应用于最为简单的"数车位"——从一个城市整体来摸清泊位"底数"。便捷泊车是民众驾车出行的重要需求。杭州城市大脑在建设场景时先从数清车位数开始做工作。初调研时,交警部门备案的全城停车位有74万个,再通过一年多时间实地摸排、系统汇聚,最后盘整出共计134万个车位,4720个停车场(截至2021年7月),两个数值相差近一倍。有异于以往按"统计"数,尤其是个别系统或条线报表的相加,数字化方法坚持了尽可能全域实时,以数求真,从而"看到"了一个原来没有看到过的"全市停车场",从"极度宏观"方向开始了解城市的泊位资源。在此基础上创造了数字化的"极度微观"评测——"停车指数"与"泊位指数",前者代表了停车场的占用率,后者代表了一个泊位的日常使用频率。如一个停车场的停车指数为0.82,则意味着18%的车位处于空闲状态;泊位指数如果从1.6上升为1.9,提升了0.3,则相当于仅通过提升车位的使用频率,在未新增车位资源投入的前提下可满足额外20多万辆车的停车需求。基于停车指数和泊位指数两项指标,可重新评估城市停车泊位供给需求的匹配度。②

3.场景数字化闭环治理

场景数字化闭环治理指的是应用数字化方法从事"一件事"治理,形成从问题到实际治理效果的闭环。以"一表通"场景为例③,基层社工工作繁重,面对"报表多、数据散、录入忙"的现实难题,城市大脑"一表通"场景中基于基层治理"四平台"系统,充分应用数据赋能基层实际工作,利用

① 傅志寰,吴志强.大城大道:中国超特大城市发展规模及结构战略研究[M].北京:社会科学文献出版社,2023:288.
② 傅志寰,吴志强.大城大道:中国超特大城市发展规模及结构战略研究[M].北京:社会科学文献出版社,2023:303-304.
③ 杭州城市大脑案例课题组.城市大脑:杭州经典场景(2020—2021年)[M].杭州:浙江大学出版社,2023:99-103.

表格一键导出功能可节约社区干部的填表时间,提高工作效能。"一表通"场景在上城区闸弄口街道试点先行,截至2020年底,录入归总各治理要素信息19.4万条,每日数据更新频率达1100条次,各科室每月减少17小时催报时间,为社区每月释放78小时填表时间。

场景建设有赖于系统性技术架构的搭建。一是"一网集"数据联通体系。将"一表通"接入省级基层治理"四平台"、市级城市大脑,社工通过"一表通"数据维护,不仅能实现"四平台"数据同步更新,还能与市级条线数据共享。二是"两端口"实时更新体系,移动端和电脑端"两端"发力,实时更新、"清洗"数据。三是"一个入口"汇集数据。打破网格、条线壁垒,汇集整合社区原有基础数据,承接梳理上级平台业务下沉数据,依托网格社工工作手机,开发数据录入端口,设置使用人员密钥权限,做到常态走访、动态更新,并与原有基础数据碰撞对接,建立"一表通"数据仓。四是"一套标准"归类整合。以杭州市统一地址库为基础,以标准地址关联人、房、企、事等治理要素,通过要素标签、数据汇集、地址库统一、录入格式、表格生成"五个标准化",实现系统自动归类整合。五是"一键导出"生成报表。设定五大治理要素、8项基本信息、320个特定种类标签,按照报表的基本核心要素和提交频次,设置33张"高频表格"自动一键导出功能,实现社工减负最大化,省去各科室每月17小时催报时间,为社区每月释放78小时填表时间,更好用于服务居民。

场景透出的治理逻辑。"上面千条线,下面一根针"是对基层社区工作的写照。"一表通"场景的建设初衷就是要更多地释放社工服务社区居民的时间,为此需要对社工工作的痛点——占用最大份额社工时间的"填报表"予以革新,减少社工的填报工作量。场景透出的治理不是治居民,而是治事。具体体现为:一是"数据协同",多头合一,推动省、市、区三级数据对街道、社区的直接赋能;二是业务协同,"一套标准"归类整合打破原先的条管理逻辑,按场景统一标准通过数据规则实现系统整合,业务底层的数字化统一制式使行政业务按新的逻辑协同起来;三是各条线组织经由数据协同与业务协同,在社区这个"块"治理上统合起来,不论行政层级达成"因事而共治"的组织协同,区别于科层制与命令式行政,塑造场景治理新生态。在治理成效上,"一表通"场景倒逼基层数据治理,真实查验已有数据质量,解决原先"基层治理四平台"部分数据不实的问题,以数据质量体现工作质量,同步基层真实情况,也为决策提供可靠的依据,实现直达式基层治理,让基层社工与民众均有获得感。

(四)场景建设的方法

1.场景构建机理

场景构建的机理简而言之就是"数字化掌握真实供需,流程再造提供高质高效服务"。其完整步骤包括:摸需求(数字化)—摸供给(数字化摸家底)—做技术架构—规则体系补改—技术体系提质—应用端体验反馈(见图1-1)。摸清底数包括要明晰现有的系统与平台是什么,是否已能解决问题;现有的资源是什么,需求的量是多少。摸清各个部门的业务底数——管理和服务的对象、资金、权力,以及将三者组合起来的业务流程及配套制度机制等。当对这些业务底数进行检验时,各个部门的数据质量及流程设置的合理性问题逐渐浮现出来,从而为数据治理和制度重塑提供明确靶向。

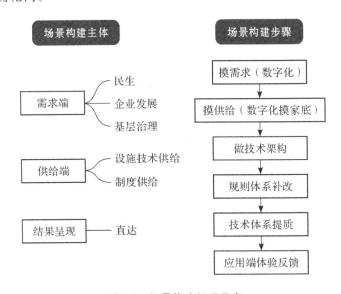

图 1-1　场景构建机理示意

2.技术与治理相互映射

技术架构中蕴含治理逻辑。资源最优化、治理最高效是治理逻辑,而技术架构需要有能力为之提供支撑。"场景一件事"背后,系统与平台最大限度地协同最有利于技术架构的搭建。城市大脑场景原子图(见图1-2)是数字化治理通用模型,显示了技术与治理的映射合成。数字化场景为解决"一件事"而生,由各类系统与平台协同而得以运行。横向为数字政府、数字经济、数字社会领域的"条"的系统与平台;纵向为城市、区县、街镇、社区的"块"的系统与平台,社会端企业、社会组织的系统与平台。实线为系统已连通完成协同,虚线为更好地完成"一件事"所要连通协同但当下尚未连通的关系。场景治理描述框内需要对场景提炼三个关键内容:问题、路径与成效。其中,路径包含技术路径与治理路径,尤其是配合流程再造的制度建设。如此,整个场景形成一个"技术+治理"的完整体系,面向交互界面使用者和市民个体提供整体性的"场景能力输出"。

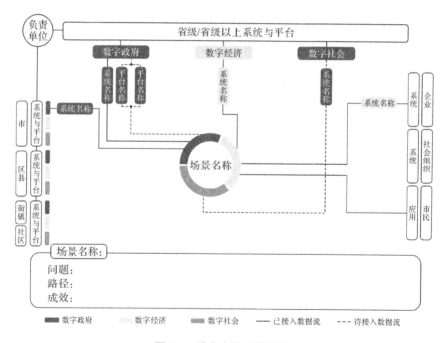

图1-2 城市大脑场景原子

来源:杭州市云栖工程院自愿者团队绘制。

城市的治理是一个大规模的协同治理,既包含条的治理,又包括块的治理;既包含小规模场景的治理,又包含大规模场景的治理,并且这些场景治理亦有交错的部分,从而形构起基于城市大脑的城市全景治理(见图1-3)。数字化提供了新的治理视角和方案,但挑战更大——全社会的数据互通、场景化的在线协同、跨部门的流程再造实现起来难度极高。在小规模场景中,因"一件事"所涉关系相对简单清晰,这样的互通协同与再造可实现,并已经实践验证。城市级的协同原理上可行,但实现上尚需满足复杂多元的条件,特别是需要现代化的制度与计算来提供能力。也因此,即便如杭州这样的城市基于城市大脑做出了一个城市级治理的模型,通过较大规模的场景应用收获了一定成效,但从场景到全景,城市的良好治理与城市数字化同步,没有完成式,只有进行式。

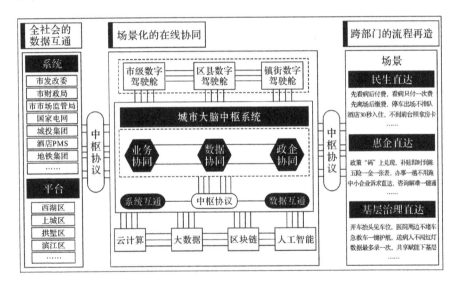

图 1-3 基于"城市大脑"的城市全景治理模型

注:参见在浙江省数字经济发展领导小组办公室、杭州市城市大脑建设指挥部的指导下,由杭州云栖工程院、浙江省信息化发展中心、杭州城市大脑研究院和阿里云研究院组织撰写的《城市大脑白皮书(2020 年)》。该白皮书于 2020 年 12 月 31 日在杭州市云栖小镇举办的浙江省城市大脑推进大会上第一次发布。

3.场景构建导向制度重塑

以场景治理能效的达成为目标,必然导向制度重塑,体现在标准与制度规范上主要有三个层次:其一,数据规则,对应资源与需求数字化;其二,设施规则,对应必要的数字化基础设施建设;其三,场景规则,对应化入场景的治理（一件事）。数据规则包括数据质量、数据使用等规则。数据是要跑在数字化基础设施上的，基础设施规则决定了数据能否发挥作用。"足够智慧的城市必须努力专注于开发基础设施（即便是日常）的流程和实践，以使数据具有可操作性。"①《条例》就属于数字基础设施立法实践。而直接面对"人"的便是场景，这意味着随城市规模而来的数量级治理。获得感是终极正义的标志，基于具体场景的规则是制度重塑的重心。

场景规则中价值先行。城市大脑被提出时有一句经典的标语，即"城市会思考，生活更美好"（见图1-4）。显然，用什么思考，怎么思考是关键。场景提供治理规模认知、治理需求与环境认知。化入场景的治理由场景价值观（value）出发，才能通过技术这个关键完成治理映射，形成"条""块"整合式的围绕具体的人与事的治理单元。从价值观出发，离开了人，城市毫无意义。"以人为本"需要具象化而不是停留在一个名词上，人民城市应当拥有看得见"个体"的能力。从去个性化主体性的群体观转入有鲜明个体觉察和主体意识的群体观，是走中国特色社会主义道路，在数字化时代迈向共同富裕的幸福城市所必需的认知基础。数字化浪潮同时强化了群体与个体。基于城市大脑的城市数字化实践提供了一些认识，选择了以老百姓的"急、难、愁、盼"的事来启动场景建设，由此，城市大脑的技术与治理所形成的系统方案逐渐从基础场景中生长出来，并得以提炼。场景即治理，化入场景的治理，是能够看得见个人的治理，场景的运行也要通过技术与制度，获得同情共感的能力，让从场景到全景的城市充满人性。

有了价值引导，再去找真问题与需求。没有问题意识的导引，就没有进入"社会实在"的入口。② 场景是主体的场景，否则不会被觉察，也无意义。场景要解决复杂的真问题，而不是人为简化的假问题。基层治理中经常会出现"有一种冷叫作奶奶觉得你冷"的假问题设定。决策或政策的启动者本身不具备感知能力，且未以参与式观察、实地调研等方法补足感知，就会使判断与决策远离真实需求，甚至在中途被"别有用心"所绑架。

---

① 格林.足够智慧的城市：恰当的技术与城市未来[M].李丽梅，译.上海：上海交通大学出版社，2020：212.

② 罗卫东.书山行旅[M].北京：商务印书馆，2022：119.

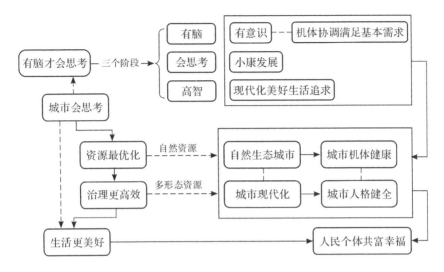

图 1-4 "城市会思考,生活更美好"原理分解

有很多数字化场景在建设过程中,不自觉就走向了简化的唯技术论。许多以"智慧"名义推出的场景实则是为了方便管理者,而非造福于民众。

场景中技术与制度须形成合力。场景是城市全景的构成,又可以被相对独立地认知。场景治理中包含了制度的能力贡献,并为立法指明方向。场景构建以个体为逻辑起点,从问题与需求出发,将相关治理主体、管理规则及依此形成的诸多关系进行整合协同。为此需要明确"条治理"与"块治理"在具体的时空事务交合后相关制度的立改废方向,即哪些是必须填补的规则,哪些是需要修正的规则,以及如何确立冲突解决规则来系统化场景规则。再明确这些规则适宜以什么样的立法或规范性文件的形态存在以发挥最佳效能。

具体而言,"一件事"场景目标下数字化"整、通、同、达"的规则既是技术系统要完成的任务,亦是立法制度所要保障的内容。现有的基层治理立法多由部门立法所牵制,因为部门"条治理"的形成传统相当稳固,习惯性行政管理思维亦已控制了绝大部分可能性,由上至下的执行细化替代了基于真实场景的思考。从城市大脑实践开始的场景探索,是一种数字化方法应用于基层治理的突破。以数字化能力在技术上积极实现数据协同,进而达成业务背后多系统多组织的多跨协同,甚至不只是政府系统。致力于解决民众眼中的"一件事",完成复杂治理,背后是多重法律关系的权利义务配置的协调。所以其治理成效主要依靠技术层的"一整、二通、三同、直达"机制(见图 1-5)。相对应地,制度方面就要去审视现有的规则是否匹配这个机制,实现精准的制度供给,从而推动治理达到预想的结果。其一,在数据规则方面,看是否有全量必要的数据整合、数据通和系统通相应的制度;其二,看数字化基础设施是否有能有效运行(work)的规则,能否达成数据协同、业务协同和组织协同,从而实现资源优化配置与高效治理;其三,看内部复杂、外部简化的保障规则,即将蕴含治理能力的技术与制度结构化为一个整体,与外部个体直达治理成效的保障制度是否匹配。

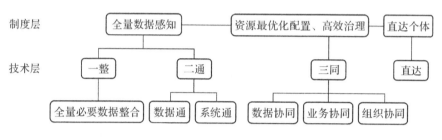

图 1-5 场景机制

一个较为典型的制度实践来自前述因"停车难"问题建设"智慧停车"场景所导向的立法修改。2021 年 1 月 18 日,杭州市人民政府令第 326 号《杭州市人民政府关于修改〈杭州市机动车停车场(库)建设和管理办法〉部分条款的决定》就属于场景中透出真需求从而推动了制度重塑的情况。修改后的《杭州市机动车停车场(库)建设和管理办法》(以下简称《办法》)第十六条第一、第二款规定:"市城市管理行政主管部门负责建立和管理全市停车信息统一平台,并按规定落实信息安全管理措施和开放共享。全市停车信息统一平台应当汇聚全市各类停车信息,实时公布向社会提供服务的停车场分布、泊位数量、使用状况等信息,提供停车诱导、泊位共享、停车服务质量评价等便捷停车服务,为停车政策的制定提供决策数据。"以规章确立全市停车信息统一平台这个数字化基础设施以承载公共服务,其助力的场景是非常生活化的"停车一件事"。从场景数字化技术架构部分来看,数据的协同提供了不小的决策基础能力,但仍无法解决"停车难"的全部问题。于是,《办法》第五条相应确立了"组织协同"的机制,由市人民政府承担对市区范围内停车场建设和管理工作的统一领导,建立停车场建设和管理综合协调机构的职责。市建设行政主管部门负责停车场建设和管理综合协调机构的日常工作,并承担停车场建设活动的组织、协调、考核及有关监督管理工作。市城市管理行政主管部门负责停车场运营维护活动的指导、服务和监督管理。市规划和自然资源行政主管部门、市住房保障行政主管部门,以及发展改革、公安机关交通管理、数据资源管理、消防救援、生态环境、人防、市场监管、财政等有关部门分别依据各自职责"协同实施本办法",至此就体现出解决停车难问题的场景中多元主体协同共治的制度转化。

《办法》第十六条关于数字化平台的规则在成效上还只是完成了部分停车数据的协同,并且实现的组织协同还局限于停车场主体,未囊括所有的相关行政管理主体;第五条则是靠传统的组织协调机制来达成治理,效率受制于能力。在必要性和可得性准则下,技术架构与立法制度可以互相补足,形成合力。比如技术能力弱,但制度与执行能力强;或是制度与执行能力弱,但技术能力强均有希望达成良好治理。当然,如果两者均能力突出,显然就往现代化更进了一步。由此,可形成实现"资源最优化、治理最高效"目标的场景治理架构(见图1-6)。图1-6中,中间框线内代表场景治理作为一个整体的架构,两端分别为资源输入与成效输出。

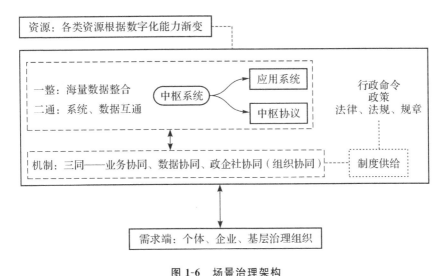

图1-6 场景治理架构

场景中制度重塑需向"良法"而行。场景应需而生,必然涉及流程再造乃至制度重塑,其生成与价值有两点值得主张。其一,数字化助力场景立项的选择与评测。通过数字化方法论的应用,更能分辨出"急、难、愁、盼"的程度,需求的数字化呈现是场景建设选题重要性优先度的重要依据,以决定资源的投入。同时还需注入"可用性测试"(usability testing)[①],评估是否满足了需求,解决了问题。制度是一种公共产品,要与"人"更近,与"真实"更近,经得起需求回应度、问题解决率的数字化评测,重视成本效益。[②] 其二,场景范围内重塑制度体系,要体现以善治引领数治。数治需要调用技术,但须谨守"必要性"原则,场景中的技术致力场景目标实现,有别于单纯的技术创新。"必要的"制度,意味着重新梳理、评估场景所涉这些制度是否有必要,是否在为有效治理服务。这样的主张由以往叠床架屋、制度冗余等传统治理痛点对比而来。就人民对更美好生活的向往需求而言,具有建设性的有利于治理成效的在地化场景制度最有需要。如此,以特定场景治理为范围值,需要对所涉的制度予以整理,这将不仅关乎制度改进,更是一系列社会重组(social reorganization)的过程。

第二节　从城市大脑到校园大脑

校园大脑的提出与建设是城市学院付出勇气和担当,为面向未来的教育而推出的校园规模级的整体治理创新实验。作为一所地方高校,城市学院选择了一条"城市＋、数字＋、应用＋"的发展道路,校园大脑是对

---

① 软件供货商微软的每一款软件,在上市之前都要做一件事,叫作"可用性测试"(usability testing)。21 世纪初,微软做了一件很创新的事。它在 Office 2003 中全面使用了一种技术,可以自动记录用户使用软件的行为数据和机器配置,并通过互联网发送回微软,这就是微软的用户体验改进计划。数据回馈变成一件常态化的事情后,微软也因此在历史上第一次知道 Word 2003 中最常用的五个指令是粘贴、保存、复制、撤销和加粗,这五个指令加在一起占了 Word 2003 所有指令使用量的 32%。Wang J,Being Online:On Computing, Data, the Internet, and the Cloud[M]. New York: Arcade Publishing, 2021:28-29.

② 还是以场景数字沉淀来分析。2023 年 7 月,杭州市加装电梯总量已突破 5000 台,共有 6 万户居民,特别是老年人享受到了有电梯的更有质量的生活。数字化评测一定程度上复盘论证了场景立法的需求度与科学性。

其提供支撑的数字化公共基础设施。有了城市大脑的系统方法论贡献在先,校园大脑得以以高校为主体形成二次创新。为了高质量教育可持续发展,以数字化改革为推动,以校园大脑的系统方法论为指引,致力于高校治理体系与治理能力现代化的达成。从城市大脑到校园大脑,是用城市大脑方法论建设校园大脑,进而推进教育数字化、高校治理现代化的实践探索。当然这种方法论应用不是一蹴而就的,需与在地化的实践相融转化,进而生长出适配高校教育规模的校园大脑方法论。城市学院秉承城市大脑"一脑治全城、两端同赋能"原理,面向服务端与治理端,以师生的教育需求、学校的相应治理为牵引,打造"服务导向、内外联通、整体智治的高校数字治理新模式",立志实现"一脑治校园、两端同赋能"。基于校园大脑推进整体智治,以真实可见的阶段性成效为这种方法论提供场景基础,实例素材具有重要的价值。

一、从城市观到高校整体观

将高校作为一个有机整体来看待是从城市观对照而来的。高校的使命是立德树人,高校的任务是人才培养、科学研究、社会服务、国际交流合作和文化传承创新。高校提供高等教育服务,包含各种空间、人与活动的聚合,不仅是一个教育机构,也是一个多元化的文化和社会中心,既要统筹高校工作全局性的空间、规模、教育三大结构,关乎校园工作系统性的规划、建设、管理三大环节,为发展持续所需的改革、科技、文化三大动力,也要统筹影响师生教育获得感幸福度的学习、生活、生态的布局,更要统筹提升行政部门、学院、师生三大主体的发展积极性,类同于一个微缩版的城市。高校具有主体能力基因,需要将其作为有机整体来看待。在整体观下,教学、科研与育人互相影响不可分割;各学院各行政部门之间不可缺乏协同而各行其是。校园设施条块统合的整体性治理、学生为本的需求导向和高校的整体需求是高校整体观的基本要义。基于校园大脑的整体智治正是高校整体观引导下的数字治理模式,是将教育数字化内化于整体智治,整体性、系统化理解高等教育。高校是学校各组成部门、学院与学生互动,真实的教育教学关系发生的场域情境。高校整体观使教育的达成不仅停留于教育数字化的赋能,更是在一个综合系统的场景视域下科学配置资源，提高教育运行质效，以治理的丰富内涵达成教育目标。高校治理需要回应的既有国家、社会等公共利益的需求并具象为自上而下伸入学校的"条"的管理，又有高校内部个体、群体的具体需求并具象为高校自主的"块"的管理。与城市治理一样，高校治理需要考虑主体性、必要的资源、必要的基础设施、必要的管理，并考虑能否以最少的资源消耗达成最好的治理效果。高校整体观意味着在校园设施运维一体化之上包含两个必要维度：以生为本，以及高校的整体需求。

以生为本。高校善治，一是要强化高校中人的主体性——以学生为本。"想要一个什么样的高校"主要应由个体、群体、所属教育体来共同定义。高校品性塑造是非同质化的高校善治的起点，因为想要什么样的学校与追求什么样的教育最密切相关。学校的价值取向将赋予资源配置优先级选择的正当性。例如，在空间资源分配上学校应优先保障学生的学习空间。二是因地制宜、因时制宜、因事制宜的适宜性。"资源节约"原则也仍是适用的，并且要遵循资源的配置尽可能优化，即最小资源消耗。而最大治理成效应包含教育成效。最终通过统合，实现高校治理体系和治理能力现代化，促进高校承载的高等教育可以高质量可持续发展，让学生学有所成，学校完成社会服务等任务。

高校的整体需求。大学是代表先进文明之地。高校整体职责需要回应的是高质量推进面向未来的教育，培育合格的社会主义接班人。长期以来，资源有限与治理低效的问题制约着高校教育质量的提升。高校的整体需求不限于物质资源，更在于蕴含先进文明、"立德树人"根本任务下的优质教育资源，以及运用教育资源实现良好教育的能力。这个能力，一为教师能力，二为学校治理能力，均考验教师与学校整体的智能与智慧。校园大脑是高校数字系统和现代化基础设施。从技术设施而言，其体系要素包括中枢、系统与平台、数字驾驶舱和应用场景等，所应用的新技术是数据、算力、算法等基础支撑下的大数据、云计算、区块链、人工智能应用等。从治理功能而言，治理规模是全面、全程、全域，目标是高校的治理体系与治理能力现代化。从技术到治理，校园大脑导向整体智治。

二、从城市大脑架构到校园大脑架构

校园大脑虽从城市大脑吸收了方法论指引,但在科学架构上仍要完成在地应用转化。在遵循治理与技术融合的原则下,校园大脑基本可延续城市大脑的技术架构,即包括平台与系统、中枢、场景、数字驾驶舱。但因为校园的整体规模与城市有极大差异,为此需要结合特定高校师生的普遍需求、既有的资源禀赋、建设者的能力来审视这种架构的迁移适配。例如,在城市学院的实践中,因为各个学院原先没有单独建平台,而各个职能部门建有一些系统,为此校园大脑并没有如城市大脑在区县建平台那样在学院建平台,而是学校整体建设统一平台"数字基座",并在架构能力上沿着"数字化、智能化、智慧化"往前走一步,在中枢系统上生长出智能引擎、在应用场景中生长出场景智能(见图1-7)。如此,平台与系统、中枢、场景、数字驾驶舱仍是构成校园大脑的架构要素,但内涵已具有新的发展。

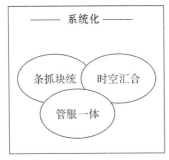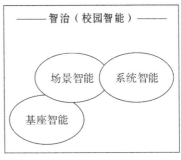

图 1-7　系统智治

三、从城市大脑场景到校园大脑场景

城市大脑场景方法论中有以下几个要点:一是海量的数据整合依靠已有的应用系统与必要的新建系统来承载。二是系统和数据的互通靠中枢系统运用中枢协议实现。三是业务协同、数据协同与组织协同相统合。业务逻辑的协同引导数据协同和系统协同,从而使组织协同成为必要起点与结果。而组织协同靠制度依据形成职务要求,业务系统通过技术实现。四是供需的直达,即资源到个人、企业和社会组织的直达。五是法治保障嵌入制度供给中,并呈现针对调整、开放演进形态。

所以,好的校园大脑场景取决于:其一,场景技术架构是否由科学的治理逻辑所引领映射;其二,是否体现了资源最优化、治理最高效的治理配置;其三,该技术架构是否能有效地协同数据形成业务协同与校院协同,从而能够高效实现治理目标;其四,场景中技术能力与非技术能力的结合如何因地制宜、因时制宜地提升并最终真实有效地回应场景需求。

从场景建设上看,关键在于"弄清楚需求,摸清楚底数,最优化系统,整合好制度"。具体要点包括:其一,了解需求,问对问题;摸清底数,梳理现状。其二,场景建设必要性、可行性论证,即回答资源之问与治理之问。其三,流程再造图——以技术架构图来形成场景建设前后对照,以体现并检验是否真能实现资源最优、效能最大。其四,内外协同,即场景相涉的系统靠各个单位建设,关系梳理靠牵头单位负责完成。

特别需要强调的是,场景需求收集要"真"并尽可能"全"。很多数字化场景之所以"剃头挑子一头热",只有治理端的"用心良苦",却得不到师生端的积极应用响应,基本上都是因为在需求收集上犯了认识错误。比较多见的是误将管理机构的需求直接等同于场景设计的需求,而该场景所服务的对象却未成为意见的被收集源,或者其民主性与参与规模过于有限。例如,在教学类场景中,学生对优质资源的需求、对自习场所的需求应通过以学生为主体的数字化表达来进行计算衡量,而非教学教务部门通过单一的经验来确定。把数字数对要求准确认知并运用数据来体现需求、资源及配置率。系统数据有别于统计数据,此数据非彼数据,数据在线才有意义,通过系统的在线数据、实时数据,才能获得真正的数据,反映真实的需求、资源与配置状态,如校园内实时人数、教室利用数、图书借阅数等。

第三节　基于校园大脑的整体智治

科教兴国是国家重大战略,时代呼唤高等教育数字化转型。这并不是一场因数字化而数字化的技术变革,实质上代表着高等教育范式、高校组织教育的逻辑发生改变,而目标则是面向未来的教育,培育强有力的社会主义事业接班人。为此,从高校基础设施到教育范式的转换,数字化更新了教育的理论与路径,而作为系统化的方法论,城市大脑方法论从城市向承载高等教育的教育体高校的治理跃迁得到实践。通过基于校园大脑的整体智治模式,以城市学院为实验场的教育数字化转型提供了富有价值的发展范例,也进而促进了校园大脑方法论的价值提炼。

一、高等教育数字化融入高校整体智治

时代的年轮从马力时代,到电力时代,如今走到了算力时代。算力时代即数字化时代,对资源的理解发生了变化,动能、生产力与生产结构亦发生了剧变。2015 年,习近平主席在第二届世界互联网大会开幕式上强调,"中国正在实施'互联网+'行动计划,推进'数字中国'建设"①。两年后,建设"数字中国"被写入了党的十九大报告。在党的二十大报告中,从数字中国的国家战略层面上强调教育数字化已相当明晰。报告指出,要加快建设制造强国、质量强国、航天强国、交通强国、网络强国、数字中国。推进教育数字化,建设全民终身学习的学习型社会、学习型大国。2022年是国家教育数字化战略行动的开局之年,教育部 2022 年工作要点的第28 条明确提出"实施教育数字化战略行动",并点出"变革"路径——教育资源共建共享、互联互通,最终的目的是赋能教师和学习者,实现教育更加包容公平、更高质量发展。

以往高校治理体现为分散的"条治理"与"块治理"的拼接,并主要在教育系统的空间思考和安排工作。时代的发展已将校园的逻辑壁垒击破,国家与社会对学校的定义和需求发生了改变,学校在城市中,人在社会中,高校是城市治理中最基础的综合性治理单元类别中的一种,教育成效必然是多维度治理的结果。教育不能孤立于社会而自成体系,更需保持开放性、发展性。教育数字化融入高校整体智治更能以全景视角看待如何以整体性治理体系与更强能力支持教育的高质量可持续发展。

---

① 习近平.习近平谈治国理政(第二卷)[M].北京:外文出版社,2017:535.

二、高校整体智治的含义

高校整体智治是高校整体性智慧治理的简称,是教育数字化转型中整体性系统化的范式,代表了教育治理体系与治理能力现代化的方向。教育是一份事业,而高校是一个主体,当一份事业有主体时,这份事业才真正有生命力。因此,如同城市和人一样,高校是一个整体性的有机体,认识到这一点,面向未来的教育才有了具象化的生态场景。整体智治中的"智"代表了智慧化的演进过程。从数字化到智能化到智慧化,是高校治理体系与治理能力现代化的必由之路。有四个方面值得强调:其一,从整体意义上认知资源量。高校教育资源与需求之间始终存在紧张关系,只有资源整体化,才能为有效利用资源提供可计算善配置的基础。解决资源碎片化认识,才能避免治理能力碎片化的问题。其二,在完整闭环下决策执行。决策与执行若不能完整地传递信息付诸行动,不仅浪费资源,更无助于目标达成。只有四肢协调方为整体,整体智治意味着治理须以资源损耗最小的方式运行,这就要求决策与执行的统一性。其三,教育相关的基础设施系统而又协调地构成一个整体。这是教育这个事业得以被高质量承载的必要条件。其四,完整构成一个现代化高质量治理结构。为了特定的场景治理目标,高校各个部门、学院、机构之间的各项职能应能形成一个现代化治理结构,以问题和需求为导向,通过业务协同、数据协同、校院协同来打破部门管理的"条块分割""碎片化",条抓块统,从而实现资源最优化、治理最高效。

三、基于校园大脑实现整体智治

校园大脑是高等教育整体智治的数字化基础设施,以整体设施提供整体能力,支撑资源最优化、治理最高效的目标,从而为教育育人服务。校园大脑为整体智治提供了能力,在城市学院的创新实践上已为这种"术"与"道"做了实例注解。有三个要素对整体智治的实现起关键作用。

(一)共同体与共识

高校是个承载高等教育的特殊空间。正如城市大脑的背景是整体的

"城市观"，校园大脑同样源于时空一体的高校整体观念。一个高校就是一个适度规模的教育共同体，统一思想形成共识是出发点和基础保障。避免碎片化建设，避免超越科学理性的唯技术至上，以整体观为优先，都需要这种保持教育初心的教育共同体意识与共识。城市学院以党政一把手挂帅、多部门协同共建改革专班的方式来推进数字化，促进校园大脑生长，给出了一个实现整体智治的共识基础的实例。基于校园大脑的整体智治延续了城市大脑将城市视为一个有机体的整体性系统性视角，同样将学校视为一个整体而不是分别的条或块，以一校之整体，回应国家重大战略、地方重大需求与人民对美好教育的期望。从整体的需求再评估现存的问题，再在系统性的基础上进入具体场景中确认场景的需求、查验问题、难点与堵点，从而匹配资源，形成善治。

(二)从场景到全景

"互联网＋"支持了教育信息化，由此可向教育数字化转型；而借助"校园大脑＋"实现场景化治理，再由场景到全景，逐步生长，基于校园大脑的整体智治就可以以全生命周期、全时空视野来看待教育者、学生与学校，助成更为体系化的教育变革。场景有不同的规模量级，这取决于关系的单复数、需求目标的多寡。一对一的教育关系构成场景的最小颗粒，如课堂教学，就是师生之间的一对一主体关系，需求测度也简单；但当时空拉大拉长，教育教学环节扩张，那么场景颗粒也从点线到面，交叉重叠，共存协同，从而使服务治理的能力也因协同而增强甚至呈指数级增强，这就是通过场景的连续耦合形成一种场景关系结构，形成点墨成画、从场景到全景的治理体系。城市大脑"多游一小时"大场景其实就是一个旅游领域的数字治理全景，里面包含了"三十秒入住""二十秒入园"等一系列单点场景与多跨场景，每个场景节约出不同分秒的时间资源，直至让"多游一小时"的全景目标实现。当然所谓全景亦是个相对概念，领域全景、区间全景、高校全景、学生成长空间式的全景均有其规模视角。例如，城市学院学生成长"规划一件事"，其实复合了多个单场景。从场景到全景是一种从结构到体系的形成，更是一种通过数字化从治理的单点能力到聚变能力的发展。

（三）逐步完善整体智治规范体系

基于校园大脑的整体智治同样要在三个层面实现从场景实验与实践中提炼规范，并推进规范制度建设。一是数据规范。除了通用的国家与地方立法范畴的数据规范，如《中华人民共和国数据安全法》《中共中央、国务院关于构建数据基础制度更好发挥数据要素作用的意见》《浙江省公共数据条例》《杭州市人民政府办公厅关于印发杭州市公共数据授权运营实施方案（试行）》外，在不与上位法相抵触的前提下，基于校园大脑与场景建设的需求，学校有必要形成更精细、适配的数据共享应用以及保障数据质量的数据治理等系列规范。二是关于校园大脑的整体架构与运行的规范。该类规范必然具有系统性，由于其属于新生事物，没有现成的规范制度，需要沉淀新设。三是由场景到全景的制度规范。各个"一件事"场景中所透出的技术标准与治理规则需要经反复验证才能沉淀为制度，尤其是场景治理直指多主体业务协同需求中所透出的规则短缺与规则冲突，需要查漏补缺并进一步形成冲突解决规则，以促进整体性协同。

数字化必须以法治化为保障。整体智治的法治化中心任务，是形成符合教育终极目标的高校理性及其规范体系。在人工智能迅速发展的时代，在校园大脑不断增强能力的当下，进入数据驱动阶段的高校，其教育数字化与数字治理的重心必是善用数据与复合技术，统筹高校教育治理新旧依据，再造决策系统规范体系。

第二章　以数字化改革驱动整体智治

第一节　数字化改革与高校治理

一、数字化改革的定义、内涵与定位

浙江是习近平新时代中国特色社会主义思想的重要萌发地，也是"数字中国"战略的率先实践地。2003年习近平同志在浙江工作时，就为建设"数字浙江"、推进浙江现代化进行战略布局，并将"坚持以信息化带动工业化，推进'数字浙江'建设"纳入"八八战略"的总体谋划之中。2021年初，时任浙江省委书记袁家军主持召开全省数字化改革大会，强调要认真贯彻落实习近平总书记关于全面深化改革和数字中国建设的重大部署，围绕忠实践行"八八战略"、奋力打造"重要窗口"主题主线，加快建设"数字浙江"，推进全省改革发展各项工作在新起点上实现新突破，为争创社会主义现代化先行省开好局、起好步。①

2021年3月，中共浙江省委全面深化改革委员会发布《浙江省数字化改革总体方案》，其中对数字化改革做出了定义：数字化改革是围绕建设数字浙江目标，统筹运用数字化技术、数字化思维、数字化认知，把数字化、一体化、现代化贯穿到党的领导和经济、政治、文化、社会、生态文明建设全过程各方面，对省域治理的体制机制、组织架构、方式流程、手段工具

---

① 陈宏彩.数字化改革与整体智治:浙江治理现代化转型[M].北京:中共中央党校出版社，2021:2-3.

进行全方位、系统性重塑的过程,从整体上推动省域经济社会发展和治理能力的质量变革、效率变革、动力变革,在根本上实现全省域整体智治、高效协同,努力成为"重要窗口"的重大标志性成果。

数字化改革的意义不仅仅在具体的场景应用上,更在于推动生产方式、生活方式、治理方式发生基础性、全局性和根本性的改变,是一个质变而不是量变的过程。数字化改革的内涵可以从三个方面来理解和把握。

首先,从改革方向看,要把握三个层面:一是推进治理体系和治理能力现代化;二是激发活力、增添动力;三是打造全球数字变革高地。

其次,从改革特征看,要把握五个关键词:一是一体化;二是全方位;三是制度重塑;四是数字赋能;五是现代化。

最后,从改革重点看,要聚焦五大方面:一是聚焦党政机关;二是聚焦数字政府;三是聚焦数字经济;四是聚焦数字社会;五是聚焦数字法治。

数字化改革通过把数字化技术、数字化认知、数字化思维、数字化手段运用到各领域各方面的改革工作中,实现数据流、业务流、决策流、执行流全面融通,激发数据生产要素对经济社会的放大、叠加、倍增作用,率先构建形成万物互联数字时代的整体智治制度范式,塑造引领数字文明时代的系统性变革。2022 年 6 月,时任浙江省委书记袁家军在其著作《数字化改革概论》里对数字化改革的总体定位有以下一些阐述:其一,数字化改革是全面深化改革的总抓手;其二,数字化改革是推动省域治理体系和治理能力现代化的关键路径;其三,数字化改革是主动塑造变革的新载体;其四,数字化改革是推动实现治理、服务量化闭环的主要手段;其五,数字化改革是打造全球数字变革高地的必由之路。

浙江的数字化改革有力地推进了省域的全方位整体智治。所谓"整体",强调的是在党的全面领导下多元治理主体之间的信息共享和有效协调,打通和整合党政机关、市场机构、社会机构等各项职能,以"问题导向"通过"治理共同体"来打破部门管理的"碎片化"。这里的治理主体除了政府部门之外,还包括企业、社会组织、集体组织、民众个人等。所谓"智治",即智慧治理,体现为基于数字化的智慧治理,强调的是治理主体对前沿技术的广泛运用,尤其是利用云计算、大数据、物联网、人工智能等数字技术,形成即时感知、科学决策、主动服务、职能监管、安全运行的治理形态,推动决策更加科学、治理更加精准、服务更加高效。"整体智治"不是"整体"和"智治"的简单叠加,而是两者的有机结合。智慧治理为整体治理提供技术赋能方案,助力治理主体的有效协调,而整体治理又为智慧治理提供了"以人民为中心"的公共价值取向。可以说,"整体智治"的理论探索是中国城市治理理论的一次重大突破,体现了中国城市实践上升为理论体系的自信。

二、目前高校治理中存在的问题

高校治理是社会治理的有机组成部分。在社会治理朝着现代化迈进的大背景下,高校如何实现治理体系和治理能力现代化,是摆在广大教育工作者面前的一个重要课题。

经过几十年的改革和发展,中国高校治理已经形成了"国家宏观调控、大学自主办学、市场适度调节、社会积极参与""党委领导、校长负责、教授治学、民主管理"的发展愿景。[①] 但在化理想为现实的过程中,高校治理目前仍然面临许多挑战,普遍存在以下几类问题。

校务管理的信息化问题。在校务管理领域,业务应用系统在提高管理效率、确保数据准确和资源共享方面发挥了重要作用。但建设初期,业务应用系统主要采用项目制建设模式,由于顶层设计不足,各自为政的分散式建设和独立运行的烟囱式架构较为普遍,信息不能共享。此外,由于各职能部门的信息化能力不平衡,至今仍有部分部门的工作没有业务系统,无法获取这些业务的数据。

校务治理的闭环化问题。高校治理需要从决策—执行—反馈形成闭环,而传统的治理模式往往不可避免地存在决策过程不留痕、决策事项不落地、执行结果不知晓等情况,从而导致高校党委会和校长办公会的议事决策机制产生议而不决、决而不办、办而不明的现象。此外,高校还需要在校内对学生和教师形成校园内的管理闭环,及时掌握师生情况,便于自我管理和监控。

决策分析的科学化问题。高校各职能部门习惯于传统的思维,固守

---

①　顾建民,等.大学治理模式及其形成机理[M].杭州:浙江大学出版社,2017:293-298.

自己的业务和诉求,只是将互联网和计算机等信息化工具理解为普通的工作设备,没有从数字化水平上考虑高校行政管理数字化建设,无法形成协同性,从而导致学生管理、教务管理、财务管理等信息平台的数据缺乏系统化和协同化的处理,彼此之间的信息不畅通,无法为各项政策制度的确定和实施提供依据,很多事只能凭经验、拍脑袋,而不是用数据来说话。

资源匹配的精准化问题。人、财、物是高校办学的主要资源,目前高校在这方面普遍缺乏资源配置的科学依据,存在"会哭的孩子有奶喝"的现象。同时,投入的资源发挥了多少效益,也很少用数据来说话。目前数据正在变成高校发展非常重要的新资源,如何利用数据资源来实现人、财、物等高校有限资源的高效配置和使用,是高校可持续发展的新路径、新机制。

安全防范的前置化问题。传统的学生行为管理,往往是经验主义、路径依赖式的管理。对高校而言,如何对学生的学业安全与人身安全做出预警,防患于未然,而不是等到事情发生了再去处理解决,是一件极其重要的事情,也是智慧校园建设的重要体现。但目前学业安全预警存在滞后性,人身安全预警缺乏"数防"手段,给高校的安全管理带来了很大的挑战。

高校整体智治就是在教育数字化转型中推进高校治理整体性系统化变革的范式。整体智治就是打通和整合高校内业务部门、院系之间的各项职能,以问题和需求为导向,通过业务协同、数据协同、校院协同来打破部门管理的"碎片化",实现资源最优化、治理最高效。

三、数字化改革对高校治理的推动作用

高校治理能力随着高校信息化水平的变化而变化。从时间跨度来看,20 世纪 60 年代至 80 年代,计算机的出现与应用,推动了高校的信息技术发展,开启了应用信息系统的建设。高校信息化治理初现雏形。20世纪 90 年代,互联网的出现为各类系统的应用资源共享及人员协同工作提供了条件。但在该时期,虽然计算机已经在高校的活动如教学、科研、行政管理中得到了一定的应用,但由于缺乏信息化教育管理思维的指导,高校信息化工作仅停留于计算机技术层面,没有把信息化与学校发展事

业相结合,没有把信息化建设与高校治理体系相结合,没有把信息化发展规划与教育改革发展相结合。许多高校仅停留在把现代信息技术应用于课堂教学的阶段,没有从根本上改变高校的教学流程、教学治理模式,教学信息化建设与预期目标还有较大的差距,对高等教育信息化治理改革的驱动作用还有待提升。

从 2000 年开始,随着信息技术的发展,信息技术在高校的应用也逐步深入,高校各个职能部门根据信息化规划和业务需求开始建设独立的应用信息系统,涌现出教学管理系统、科研管理系统、人事管理系统、财务管理系统、办公自动化系统、校园一卡通系统等来推进数字校园建设。这些系统逐步替代传统的纸质文档,实现了数据的电子化管理。

近年来,人工智能、大数据等数字技术的出现,促使高校在变革中实现创新发展的目标,高校治理能力也进入了用"数据+算力"进行智慧应用、战略支撑的阶段,通过协同作用提升了高校治理的效能和可持续性。

教育数字化是利用信息技术对教育进行现代化改造和功能提升,全面推动教育资源数字化和教育数字化治理,进而更新教育理念、变革教育模式、提升治理水平,助力破解教育改革发展热点难点问题,支撑构建更加公平更有质量的教育体系的过程。数字化改革对高校治理起到了积极的推动作用,这一作用主要体现在以下三个方面。

首先,数字化改革为高校治理提供了更精确、全面的数据支持。通过数字化技术收集和分析大量数据,高校可以更好地理解学生和员工的需求,优化资源的分配和决策的制定,以提供更满意的教育服务。数字化改革还促进了信息的共享与透明化,增强了大学治理的透明度与信息公开,促进了参与度和治理的民主性。

其次,数字化改革为高校治理引入了更高效的工具和机制。例如,建立电子化的教务系统、学生管理系统和财务管理系统,可以提高高校的教学、管理和决策效率,降低人力成本。通过数字化平台可以进行在线会议、协作和沟通,加强校内各部门之间的合作与协同,加速决策的制定与执行。

最后,数字化改革为高校治理模式的变革和创新提供了新的可能,催生了新的治理理念和实践。相较于传统"管得过多过细过于简单"的治理结构,数字化改革的浪潮催生了新的治理理念和实践。数字化时代的大学治理有着更加开放、灵活、包容的决策机制,能够创造更加注重参与和协作的文化氛围。

随着数字时代的到来,新的发展阶段必须适应新的变化,用数字化赋能高校治理已成必然趋势,以数字化推进教育体系的深层次、系统性、革命性变革,支撑引领教育现代化,已是刻不容缓。高等教育迫切需要统筹运用数字化技术、数字化思维、数字化认知,对高校治理的体制机制、组织架构、方式流程、手段工具等进行系统性重塑,形成结构合理、权责清晰、协调发展、有效制衡的管理和服务体系,支撑引领教育现代化发展,推进数字化时代的教育变革和重塑。

第二节　从场景到全景的整体智治

一、以场景建设赋能高校治理

(一)场景治理

场景在高校数字化改革的话语体系中特指以校园公共数据协同平台为支撑,以具体的"方便师生、服务基层"目标事件为驱动,协同部门、层级间业务系统及业务数据,通过线上线下业务的连接和数据的开放共享协同计算,进而优化、集成、重构线上线下流程,实现"师生直达、治理直达"的综合性信息系统。

一个场景得以成立,依靠的是"事件","事件"是驱动场景的现实载体。高校是以高等教育为主题的"人"的聚合,高校的一切"事件"都是围绕"人"的需求展开的,即"事件"中有生动具象的"人"。可以说,高校的一个个业务就是一个个"事件",即一个个场景。场景是高校治理的基本单元。

根据场景对应的部门和层级多少,场景可以分为单场景和多跨场景。单场景指由单一部门单一关系下最小规模的"事件"形成的场景。在场景的构建中,只需单个部门同步内部垂直业务就能完成应用,但所涉及的数据源有时可能会跨部门。多跨场景指由单场景并联或串联扩展规模后,具有多部门多层级关系的"事件"形成的场景。在场景的构建中,具有三个特点:一是以两个或几个相互配合的事件为核心;二是协同多个数据源,这些数据源本身可能是跨部门的;三是在业务梳理之后,部分业务或任务需进行流程再造。

流程再造是场景构建中必不可少的一部分。流程再造并不是简单地推翻以前的常规做法,而是更换视角,从更好地完成"师生直达、治理直达"任务的角度,运用系统思维、数据思维,使用系统论、控制论的方法,对原有业务流程进行改造。从单一部门的"流程孤岛"向跨部门的"一件事流程"转化,实现数据跨部门采集、传输、分析、运用,实现任务跨部门协同、联办、联审,达到整体智治的效果。

将高校治理化入一个个场景,我们称之为"场景治理"。场景治理分技术手段与非技术手段两种(见图2-1):技术手段通过流程再造和数字赋能,实现跨部门业务的协同;非技术手段通过制度重塑和政策优化,推动跨部门业务的协同,对已有的制度或政策进行修改,对缺少的制度或政策进行补充,以达到治理更便捷、更高效的目标。技术与非技术手段的结合,最终真实有效地回应场景需求。

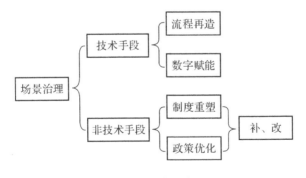

图 2-1　场景治理的手段

(二)场景的构建

场景的表现形态为一套工作体系,它由技术系统和治理系统两部分组成,通过技术架构实现治理目标,形成相互映射的关系。从技术系统的逻辑上讲,就是通过线上业务连接和数据协同计算,实现流程简化优化的综合系统,变碎片化的系统为一体化的系统。从治理系统的逻辑上讲,就是综合条线化的"事"为"一件事",实行条抓块统,实现资源最优化,治理最高效。

借鉴杭州城市大脑"数据协同、业务协同、政企协同",以及"民生直达、惠企直达、基层治理直达"的场景机制,校园大脑在场景建设中采取的是"三协同、两直达"的数字治理模式(见图 2-2)。"三协同"即数据协同、业务协同、校院协同;"两直达"即治理直达、师生直达。"三协同"在具体场景中将高校作为一个整体进行治理,"两直达"可使高校这个整体与师生的关系行为直达实现。

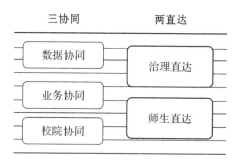

图 2-2 "三协同、两直达"数字治理模式

场景的构建以问题和需求为导向,以治理最高效为目标,高质量完成让"人"有获得感的"一件事",推动治理生态的高质量可持续发展。整个场景的构建,大致包括以下六个步骤(见图 2-3)。

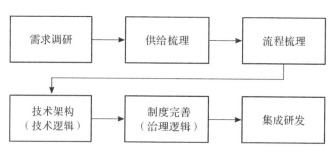

图 2-3 场景的构建步骤

需求调研。场景的需求端一般为高校师生和管理人员,需求调研通常分为服务师生端和服务治理端的需求分析,一般从国家政策、部门业务和服务对象三个层面梳理和分析需求。

供给梳理。场景的供给端一般为技术设施和制度供给部门,需求分析清楚后,就要厘清现有的系统和数据,有哪些可以满足或部分满足相应的需求,哪些满足不了;为了满足需求还缺少什么系统和数据,哪些可以通过升级迭代来满足,哪些需要谋划新建;数据怎么处理,哪些数据需要更新,哪些数据需要采集、清洗等,都要以清单的形式罗列出来。

流程梳理。对涉及相关场景的现有业务流程进行系统梳理,梳理出工作事项、工作标准、工作步骤和工作目标,以及关联的信息系统与数据,并对数据量、数据更新频率、数据质量做出初步的评估。

技术架构(技术逻辑)。根据服务与治理的需求,从相应角色入手,树立"一件事"观念,基于现有流程,按照数据协同、互联互通的原则,以"一键直达"的结果呈现为导向,进行流程的优化和再造。

制度完善(治理逻辑)。场景的构建虽然来自需求分析,但是场景的应用效果如何,需要有一套机制来进行评价和保障,以便场景的建设不断迭代升级、完善,场景的结果实现"一键直达"。通常,评价机制由一套改革成效指标来体现,保障机制由规则体系的补充及修改(即制度重塑)来体现。

集成研发。在完成以上各项工作后,就可以进行场景的开发了。由于整个场景由一系列的子场景、应用构成,开发时还需要有相应的数字化机制完成数据的跨部门跨层级协同,以及业务流程的跨部门跨层级协同等。

二、以驾驶舱建设赋能高校决策

(一)驾驶舱的特征

"驾驶舱"原指飞行员控制飞机的座舱。飞机驾驶舱内一般安装有各类飞行仪表和飞机控制系统,是飞行员操控飞机的核心设施。同样,在高校数据分析项目中,"数据驾驶舱"也是系统搭建过程中非常重要的一环。通过数据驾驶舱,可以将采集到的数据形象化、直观化、具体化,给业务的相关决策提供支持。换句话说,数据驾驶舱提供的是一个管理过程,让数据可以用更有组织的形式来进行体现,目的是提供专业的指引方向。

所以,一个成功的数据驾驶舱应该具备以下特征。

首先,应该是可视化的,这样不管是专业的数据分析人员还是普通的管理人员都可以根据具体的应用场景来观察数据,并且能够从中获取所需的结论。

其次,应该是整体统一的,包含有大量的、多种维度的数据组合来展示业务全貌。

最后,还应该具备充分的灵活性和配置性,这样用户就可以依据自身的需求灵活地选择不同维度的数据进行组合分析,满足不同场景的应用需求。

(二)数据驾驶舱的搭建

数据驾驶舱这一概念原意是指驾驶者通过掌握座舱中各式各样的仪表盘所呈现的数据来全面知晓机械设备的运行状况,并由此来做出科学合理的预判及驾驶决策,其所强调的集成思维与应用导向为高校整体智治的实现提供了一个可能的技术路径。

数据驾驶舱在高校的整体治理生态中扮演了枢纽的角色。高校的良性运转离不开各单位各部门各业务条线的相互协作,精细化、智慧化治理离不开各业务子系统的有效协同。通过体系性的驾驶舱建设,可以有效地把各业务系统组织整合起来,将校园生态以数字化的形式呈现出来,赋能校园服务供给更加优化,赋能校园管理更加精细,赋能领导决策更加科学精准,赋能各类风险预警管控更加智能,最终赋能高校的治理现代化。

数据驾驶舱的搭建主要由数据应用架构的搭建和数据可视化平台的搭建这两部分构成。其中,最重要的就是要全面分析高校业务的组成,并且根据不同的业务模块选择具体需要呈现的数据,最好是用树状或者平行的结构来呈现,这样一目了然。因此,业务部门需要梳理自身的业务需求和数据应用,需要清楚地知道哪些业务可以用数据来进行分析,并将这些数据分析结果用"仪表面板"的方式进行统一的展示和管理。图 2-4 是城市学院相关业务部门的驾驶舱界面。

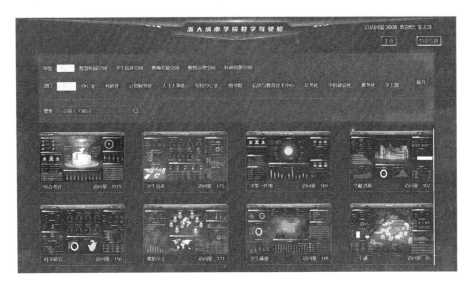

图 2-4 城市学院相关业务部门驾驶舱界面

三、从场景到全景的整体智治模型框架

场景是高校治理的基本单元,借助于校园大脑,通过一个个场景的建设,实现场景化的治理,再由场景到全景,最终形成高校的整体治理体系。从场景到全景既是一种从结构到体系的形成过程,更是一种通过数字化从治理的单点能力到聚变能力的达成过程。

高校整体智治模型框架(见图 2-5)[①]由高校场景建设目标、场景建设主体、场景建设内容、场景建设方法及校园大脑技术支持五个方面构成。其中建设目标明确了高校场景建设旨在培育优化教育新形态,解决教育教学中的痛点难点问题,整合汇聚教学资源,搭建治理服务平台和提升师生的获得感;各级组织机构构成了场景的建设主体;场景建设的主要内容涉及服务和治理两方面的赋能提升;场景的建设方法主要

---

① 刘邦奇,王雅筱.区域教育治理数字化转型:挑战、逻辑框架与实践策略[J].中国电化教育,2023(10):89-97.

由需求调研、供给梳理、流程梳理、技术架构、制度完善及集成研发等步骤构成。整体场景建设依托于校园大脑的数据、算力和算法的基础技术支撑。

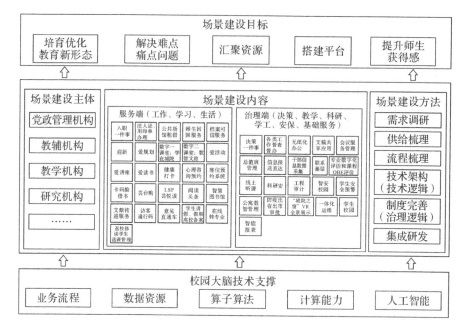

图 2-5　高校整体智治模型框架

第三节　高校整体智治的建设方案

高校原有的治理体系是基于条块化的治理结构。来自城市大脑方法论的跃迁,要实现高校治理体系和治理能力现代化,需从条块化的治理结构跃迁到场景式的治理体系,重塑面向未来的高等教育新范式。城市学院围绕高校人才培养、科学研究、社会服务、文化传承创新和国际交流合作五大任务进行顶层设计,以构建"互联互通、内外协同"的校园大脑为牵引,将学校治理化入场景,打造场景式的应用,从单场景到多跨场景,再到场景空间,构成了从场景到全景的整个治理体系,即基于校园大脑的整体智治。

一、整体智治的建设思路和目标

(一)建设思路

统筹运用数字化技术、数字化思维,把数字化、一体化贯穿到学校的人才培养、科学研究、社会服务、文化传承创新、国际交流合作等全过程各方面,通过数字化改革,从整体上推动部门业务数字化和数字业务化,形成全校共享"数字红利"的良好局面。

第一,坚持师生为本,运用"始终在线、一键直达"的城市大脑理念,打造"数据协同、业务协同、校院协同"和"治理直达、师生直达"的数字治理模式,实现以校园大脑为核心,"一脑治校园、两端同赋能"的治理格局。

第二,坚持内外联动,以城市大脑理念构建校园大脑,建立基于城市大脑中枢数据协同、内外联动的服务体系,构建校园大脑中枢,做到"互联互通、内外协同",实现内外资源一体化利用。

第三,坚持整体思维,以重大应用场景为抓手,建立校院系所纵向一体化、机关各部门之间横向一体化、各业务之间一体化的整体意识,以"一件事"跨部门协同联办为牵引,推进业务部门高效协同,再造业务流程,发挥整体最大效益。

第四,坚持重塑变革,以 5G、区块链、互联网、物联网、大数据、人工智能、云计算、数字孪生等前沿技术的应用和融合为基础,促进数据关联应用,通过大数据分析和共享,推动高校在数字化时代下的治理变革,实现整体智治螺旋式迭代上升。

(二)建设目标

城市学院借鉴城市大脑理念构建"互联互通、内外协同"的校园大脑,并以校园大脑为核心,构建"三协同、两直达"的数字治理模式,实现"一脑治校园、两端同赋能"(见图 2-6)。

所谓"三协同"是指系统之间的数据协同、部门之间的业务协同、学校和学院之间的校院协同;"两直达"是指面向师生服务的场景做到师生直达,面向管理者的场景做到治理直达;"一脑"指的是校园大脑;"两端"指

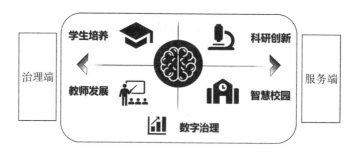

图 2-6　一脑治校园、两端同赋能

的是面向师生的服务端和面向管理者的治理端。

　　针对上述建设目标,城市学院着力构建系统配套、远期和近期相衔接、定性和定量相结合的数字化改革"152"整体智治体系(见图 2-7),形成城市学院整体智治的"四梁八柱"。

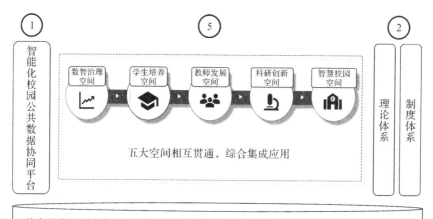

图 2-7　数字化改革"152"整体智治体系

　　"1"即一个校园公共数据协同平台。

　　"5"即五大场景空间,根据高校实际,分别构建数智治理空间、学生培养空间、教师发展空间、科研创新空间和智慧校园空间。这五大空间相互关联,相互作用,共同构成了城市学院数字化改革的整体。其中,数智治理空间处于中枢地位,具有统领性、基础性,其余四个场景空间既相对独立,又相互贯通,共同构成一个功能互补、统一衔接的有机整体。

　　"2"即两套体系,高校数字化改革的理论体系和制度体系。

二、建设内容

(一)校园公共数据协同平台

校园公共数据协同平台,旨在打造数据准确、高效实时、安全可信、开放协同、聪明可控的数字底座,彻底消除数据孤岛,实现业务系统间的互联互通,提供安全、高效、便捷、易获取的高质量数据服务。校园公共数据协同平台,在逻辑架构上采用了层次清晰的松耦合架构,分为五层,分别为:数据采集层、数据存储层、数据治理层、数据开放层、数据应用层(见图2-8)。主要建设任务如下。

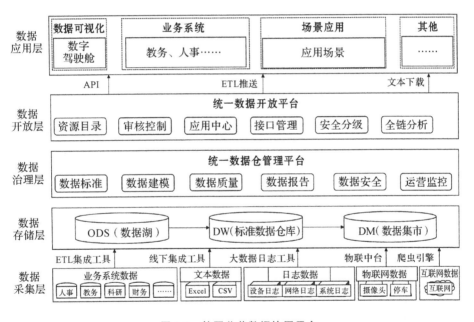

图 2-8　校园公共数据协同平台

制定校级数据标准。根据国家标准、教育部标准、行业标准和学校实际业务情况,制定学校自定义的编码规范,设计一套结构科学、落地实用的校级数据标准体系,为当期和未来所有业务系统/应用的建设提供顶层指导规范,解决数据标准、数据质量、数据共享开放、数据资产目录等问题。

汇聚采集全量数据。根据校级数据标准目录,完成不同结构的公共数据汇聚采集,实现数据"按需归集、应归尽归"。通过全量数据治理工作的开展,按数据湖、标准数据仓库、数据集市的三层架构模型,建设学校公共数据库。

闭环提升数据质量。对汇聚集成的数据进行数据清洗和数据质量检测服务,根据数据的质量特性,制定合理的质量规则,并针对每次的检测结果,生成质量检测报告,按照"谁提供、谁负责"的原则,由相关责任部门认领并修正数据问题,闭环提升数据质量,实现全域数据高质量供给。

生成标准数据集与主题数据集。将清洗治理后的高质量、多维度数据按照校级数据标准的分类和规范进行组织,生成标准数据仓库,形成标准数据集。通过对业务域数据相关信息进行梳理,在公共数据库的基础上进行校级数据资产目录的编制与发布,并在校园公共数据协同平台中完整呈现和检索当前的数据清单详情及使用路径。同时,根据各种具体的业务场景,统计所需数据内容,基于标准数据仓库进行数据选择、组合、筛选、关联等处理,生成与应用相对应的主题数据集,形成数据集市。

打造全链路数据处理能力。在全量数据治理工作的基础上,构建对业务系统数据、线下文本数据、日志半结构数据、非结构化数据、物联网数据等多维数据的"可采、可管、可通、可用、可视"的全链路数据管理与处理能力。

统一数据开放。通过校园公共数据协同平台,推动数据和应用融合,形成数据开放创新生态体系。提升平台监测监控、数据脱敏、数据加密等模块功能,确保数据开放和应用安全合规。建立多层级开放的数据资产开放管理机制,完善受限开放类数据的申请审批机制。加大数据开放应用创新力度,支撑各部门数字化改革创新性应用建设。

(二)数智治理空间

数智治理空间在五大场景空间建设中处于核心地位,具有统领性、基础性作用。它以问题和需求为导向,在全面梳理高校机关部门主要业务的基础上,通过数据重构、流程重造、职能重组、制度重塑,打造一批业务集成、一事通办、治理/服务直达、高效协同、监督全面的应用场景,实现治理业务全在线和治理数据全贯通,推动服务从需求到供给的转变,管理从碎片到整体的转变,实现治理端和服务端的两端共赋能。主要建设任务如下。

推进业务数字化全覆盖。业务数字化是各机关部门推进整体智治,实现数据和业务高效协同的基础。通过全面梳理职责清单和服务清单,按照学校数据标准体系,实现所有部门核心业务的数字化,并对一些早期建设的"烟囱"业务系统进行迭代升级,做到业务系统全覆盖,业务数据全打通。

以场景建设赋能"服务端"和"治理端"。依托校园大脑,聚焦师生办事难点堵点痛点问题,重点开发一批具有多跨协同、服务直达、内外联动、一事通办等特点的应用场景,通过数字化手段实现业务全流通,优化师生办事体验。同时聚焦治理中的难点堵点痛点问题,通过数据和业务协同,实现即时感知、风险预警,为科学决策提供数据支撑,提高工作效能,提升治理能力。

在赋能服务端方面:建设多跨协同的应用场景,实现业务精准推送和服务一键直达,实现师生办事"最多跑一次",切实解决师生少跑腿的问题。如"入职一件事"场景(见案例9),通过流程再造、内外联通、多跨协同,实现新员工"无感"入职,从原先需要跑14个部门办理报到手续简化为报到"零跑次",并实现了"拎包入岗、拎包入住"的人才服务标准。如"买书即报销"场景(见案例10),通过打通校内图书馆、计划财务处业务系统和校外新华书店购书平台,师生在手机端下单自己心仪的书籍,第二天即可收到新书,而财务报销问题由校内图书馆或计划财务处与校外购书平台直接结账,既节省了师生的时间,也提高了财务部门的工作效能。如"意见直通车"场景(见案例11),坚持服务直达理念,建立完善畅通的师生意见反馈受理机制,进一步拓宽师生诉求通道,便于多渠道、多形式充分听取并合理吸纳师生的意见建议。据统计,"意见直通车"自2021年5月上线以来,截至2023年12月共受理意见建议3899条,其中学生意见建议占99%以上,各部门认真受理意见,及时回应师生关切,成为学校开展"民呼我为"主题活动的数字平台,切实增强了师生的获得感和幸福感。

在赋能治理端方面:以"一件事"为抓手,通过场景建设驱动各部门业务一体化,衍生多跨协同的应用场景,打造可复制、可推广的高校数字治理新模式。如"决策一件事"场景(见案例12),将需要多部门线下协同的决策过程整合成线上"一条线、一件事",建立了"议—决—办—查—改"的闭环运行机制,破解了当前学校党委会、校长办公会从议题申报到议决事项执行过程中的各种堵点,有力提升了服务效能。如"科研安"场景,针对高校科研经费使用过程中的服务与监管问题,一方面,将学校科研系统与财务系统进行科目对接,并打通税务、工商等外部信息,实现数据互通;另一方面,将各类复杂的政策、规章、制度梳理成为看得见、摸得着的规则条件,形成可实时更新的动态规则库,将两者进行匹配,围绕"事前、事中、事后"三个阶段、"申报、报销、排查、整改"四个环节进行监督植入,实现监督有效"前移",保障学校科研工作健康发展。如"无感考核"场景(见案例13),将原先需线下递交材料、考评打分、现场述职评议的二级学院综合考评过程,通过数据中枢实现自动抓取各业务系统中涉及综合考评指标体系的数据项,并自动计算完成对二级学院的考评工作,破解了原先线下综合考评向二级学院要数据的烦琐操作,使考评工作更加透明、准确、客观。

(三)学生培养空间

学生培养空间围绕学生学业、学生发展、学生安全,用数字化夯实校园学习生活环境。打造"学在城院"智能新平台,强化数字协同,提升教学质量,构筑教学活动新生态,助力学生学业;打造"学生成长导航"平台,强化数据赋能,全过程记录学生在校期间的全生命周期数据,形成"学生一张表",构建学生发展新模型,助推学生成长;构建"预警模型",强化数据挖掘,建立学生学业、生活、心理等方面的预警新体系,构建全员育人协作新格局,确保学生安全(见图2-9)。主要建设任务如下。

构筑教学活动新生态。打造"数智一课堂——学在城院"场景(见案例1),将智慧教室、课程平台、在线课程、知识图谱及应用管理系统打通,集人、物理空间、智能机器、数字信息世界四元于一体,打通课内课外,联通线上线下,为改变教师的教、学生的学提供有力的支撑。通过覆盖全校师生,集"教、学、评、管"于一体的智能化"数智一课堂——学在城院"场景建设,使得网络学习空间与实体教学课堂相融合,形成

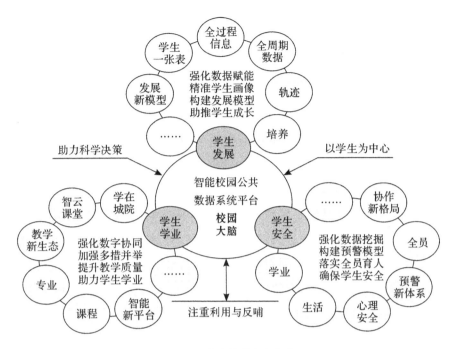

图 2-9 学生培养空间架构

线上线下一体化的创新型教学空间,有效保障各类教学活动正常顺畅开展。

构建学生发展新模型。构建"规划一件事"场景(见案例 8),着眼于解决与学生职业生涯规划相关的痛点难点问题,夯实学生职业生涯规划体系:一是培养学生早做职业生涯规划的意识;二是提升学生做好职业规划的能力;三是配置校内外资源助力学生达成自身规划,形成全员育人协作新格局。同时,紧扣培养目标,通过记录学生在校期间的成长轨迹、全周期数据和全过程信息,形成"学生一张表",精准学生画像,构建学生发展新模型。

建立学生安全预警新体系。围绕学生学业、生活、心理等方面问题,借助于学生课程成绩、旷课记录、门禁数据、校园卡消费数据等,建立基于学生校园行为大数据分析的"学生安全预警"场景(见案例 2),主动掌握学生校园行为发生的特点和规律,并据此做出研判和预测,建立学生关注名单体系,实现学校"前置式预警"的管理模式创新。通过学生过程数据智能分析,生成被关注学生不同等级的关注事件,并且结合关注名单进行自动推送,为不同角色提供个性化的工作门户,建立学生安全预警新体系。

(四)教师发展空间

教师发展空间着眼于未来教师队伍建设改革趋势,依托校园大脑,进行教师大数据挖掘和分析,采集教师教学、科研、管理、育人等方面的信息,建立教师个人数字画像,为支持学校决策、改进教师管理、优化教师服务等方面提供支撑。主要建设任务如下。

构建教师数字画像。教师专业发展事项众多,在实现这些事项数字化管理的基础上,只有通过关键事件的量化,才能挖掘数字背后的价值,用量化的数据表征各个教师专业发展事项的水平(见图 2-10)。在完成量化后,教师职业生涯过程中的各项活动都可以按照参与和成效两个维度获得积分,在区域层面对同一学科的积分取平均值,教师个体就可以获知自身的专业发展在区域中的水平,从而实现量化自我。

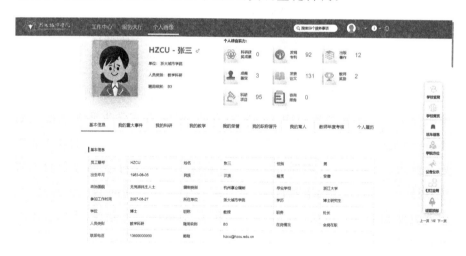

图 2-10　教师个人数字画像

打造课程数字化评价平台。教学质量是人才培养质量的生命线,科学的质量监控与保障体系是推进教学高质量发展的重要基础。课程数字化评价平台以"评价为基、正向引导、持续改进"为理念,构建由目标决策系统、质量监控系统、条件保障系统、教学运行系统、质量评价系统和教师能力提升系统组成的质量监控与保障体系。该平台利用"数智一课堂——学在城院"场景中智云课堂高清直录播系统提供的无死角实时记录学生听课状态和教师讲课状态的视频,可事中和事后反复收看课堂教学状况,实现教、学、评、管一体化的教学闭环管理,为教学质量智能监控提供基座(见图 2-11)。

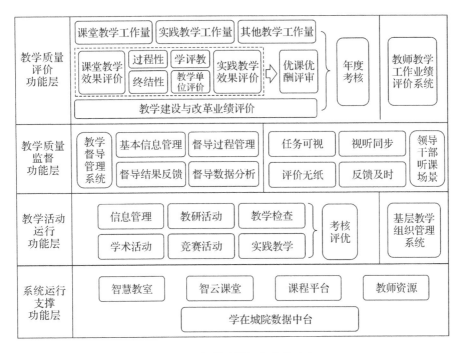

图 2-11 教学质量智能监控平台

构建基层数字教学组织。一是通过"数智一课堂——学在城院"场景,可对教学全过程进行评价分析,同时也能更好地对教师进行细节点评并保留相关督导痕迹,实现集体听课、共研教改,有针对性地提升教师教学能力;二是建设基层教学组织管理系统,实现教研活动全过程记录,有效掌握各级教研活动的开展情况,夯实基层教学组织作用发挥;三是以教学竞赛平台为载体,便捷开展各类教学竞赛、课程思政微课和案例评审活动;四是搭建学术交流数字平台,助力青年教师学术发展。

(五)科研创新空间

科研创新空间将科研全流程服务管理有效植入学校数字化治理体

系,用数字化手段助力教师开展国家、省市重大战略科研项目研究,搭建全流程线上科研服务平台,采集、存储、分析、推送学术成果数据,构建学者画像,辅助学者、机构之间开展学术交流与分享,促进科研团队有效协同,提升学科交叉汇聚能力。主要建设任务如下。

构建全链条科研服务体系。基于科研数据信息源,辐射财务、人事、学科、图书馆等相关部门,通过部门间数据协同共享,构建全链条科研服务体系。一是将科研系统与人事考核评价、评聘系统互联互通,自动获取对应学科的评估评价指标数据;二是对接图书馆系统,实现成果知识库、知网等网络平台资源的自动获取和共享等;三是各类业务数据根据需求实时统计并自动生成,为人事、地方合作、学科等业务部门及科研管理人员提供快速分析及决策支撑服务。

创新文献检索新机制。图书馆在数字化建设过程中,爆炸式增长的数字文献资源与师生的个性化文献搜索需求矛盾凸显,尽管文献资源十分丰富,但受检索能力、访问限制、时间成本影响,师生需求与文献资源存在失配问题。为解决大量的数字文献资源给师生们带来的利用困惑,减少师生获取文献资源的时间成本,学校构建"一城搜索"场景(见案例3),赋能教师科研文献检索。

构建科研人员学者画像。帮助研究人员和企业快速定位指定专家和成果,为创建学科团队提供信息参考;为科研成果评价、职称评聘、学科评估、地方合作、经费使用等提供实时准确的数据支撑,提升管理透明度和可信度。

助力教师安心科研。"科研安"是实现教师科研经费使用与财务关联业务线上全流程服务的管理平台,它有效对接科研与财务信息,对科研经费高效利用与执行控制进行实时融通,为经费合理使用设定政策把控提醒。

(六)智慧校园空间

智慧校园空间以服务师生为目标,加强物联网、人工智能等应用,通过学校中枢系统进行相关数据的传递与处理,保证数据资源互通稳定、安全有效,提升校园数据采集、实时感知、事件预测预警能力,建立健全一流的智能化校园后勤服务保障体系、安防体系和交通组织体系,打造舒心的校园环境。主要建设任务如下。

建立人脸识别系统,实时掌握进校人员轨迹,实行重点人员预警。

建设车辆违规抓拍系统、电动自行车智能化管理系统,对校园内车辆违规及时作出预警和处置,提升交通安全管理能力。

完善消防远程水压监测系统,确保消防管网正常,建设学生宿舍无线烟感报警系统,夯实消防安全基础。

建设机动车车位引导系统,构建"停车早知道"场景(见案例5),让师生停车更便捷,校园交通更顺畅,校园秩序更稳定。

建设学生公寓管理系统,实现住宿管理数字化、思政教育数字化、寝室水电管理智能化等。学生端可线上缴纳水电费、查卫生成绩(可申请复查)、线上报修和投诉建议等。

第四节 高校数字化改革的实施路径

一、城市学院数字化改革历程

从早期的信息化建设到当前的数字化改革,城市学院始终紧跟浙江省数字化改革重大战略决策部署,整个数字化改革历程详见表2-1。

表2-1 城市学院数字化改革历程

浙江省数字化改革重要部署		城市学院数字化改革历程	
年份	部署	年份	重要工作
2003	习近平同志提出建设"数字浙江"要求	2003	成立校园网络信息中心
		2006	BlackBoard网络教学平台在全校广泛应用,为1万余名学生提供线上学习,是国内较早开展教学数字化的高校
2014	四张清单一张网	2013—2016	1. 2013年,申请立项首批浙江省数字校园示范学校 2. 2016年,通过首批浙江省数字校园示范学校验收

续　表

浙江省数字化改革重要部署		城市学院数字化改革历程	
年份	部署	年份	重要工作
2017	启动"最多跑一次"改革,形成了政府数字化转型的先发优势,为数字化改革奠定了扎实的基础	2018	启动学校"最多跑一次"改革,完成"三张清单一张网"建设,梳理了100余个事项并陆续上线办理
2018—2020	政府数字化转型阶段,通过"浙里办""浙政钉"等平台,打通数据孤岛实现信息共享,推动部门核心业务的数字化转型	2020	1.6月,提出建设"数字治理第一校目标" 2.9月,完成校园中枢部署,成为首家实现与城市大脑互联互通的高校 3.10月,启动第一个百日攻坚应用场景建设,当年共完成9个应用场景建设
2021	启动数字化改革阶段,是建设"数字浙江"的新阶段,提出构建数字化改革"1+5+2"工作体系	2021	1.1月,启动第二个百日攻坚应用场景建设,当年共完成20余个应用场景建设 2.2月,开启"整体智治打造数字治理第一校"数字化改革进程 3.4月,完成数字化改革"152"整体智治体系构建 4.9月,完成"数智一课堂——学在城院"教学平台建设,并上线运行
2022	迭代升级数字化改革体系架构,整合形成"1612"体系构架	2022	1.完成校园公共数据协同平台、数字基座和超算中心建设 2.实现电脑端和移动端的师生统一身份入口,打造围绕"一件事"的重大应用场景,开发20余个驾驶舱
2023	大力推进数字化改革,完善数字治理体系	2023	1.完成校园大脑建设,推出"一脑两端驾驶舱",实现治理直达、师生直达 2.有序推进物联中台建设,打造智慧安防管理体系 3.构建"学生安全预警""专业能力导览工具""智能修读助手"三大智能场景

二、数字化改革实施路径

城市学院的数字化改革从 2020 年开始。2020 年春节过后,受新冠疫情影响,学生暂时不返校。为了保证此期间学生不停课,教师不停教,教职工居家正常办公,城市学院利用钉钉线上功能正常开展教育教学和管理工作。2020 年 4 月底,根据疫情防控情况,学生陆续返校。为加强疫情下的校园管理,城市学院开发了"爱城院"专属钉(以下简称"爱城院"),并在"爱城院"上开始部署一个个服务师生、服务管理层的场景,如校园蓝码(后升级为金码)、校园一码通、数字公交预约、核酸检测预约、图书馆座位预约、卡码脸借书、刷脸进出校门(宿舍)、刷脸吃饭、活动讲座预约、访客通行码、掌上图书馆、失物招领、意见直通车等等,开启了城市学院师生的"智慧"校园生活。截至 2023 年 9 月底,"爱城院"上已经集成了近 70 个应用场景。

城市学院的数字化改革进程,大致可以分为三个阶段:第一阶段是强基础、促服务,提升师生获得感;第二阶段是破壁垒、促协同,推动治理高效化;第三阶段是建大脑、促智能,打造智治新模式。

(一)第一阶段:强基础、促服务

建强数字基座和硬件环境,为服务师生直达奠定良好基础,提升师生获得感,从而进一步提升师生对数字化改革的认同感。

建数字基座。数字基座由城院云、校园光纤环网、"零信任"网络安全、南北校区数据中心机房、校园无线网络、5G 校园专网六大部分组成。截至 2023 年,数字基座已建成计算资源容量为 CPU18237GHz,内存70.58TB,存储 8.1PB,支撑了全校部门和学院共 843 台虚拟服务器运行。

建智慧教室。城市学院原建有 200 余间具备直录播功能的多媒体教室,从 2021 年起将其逐步改造成为智慧教室,截至 2023 年,已拥有智慧教室 183 间。教学楼全域高速无线网络覆盖,智慧教室内的空调、灯光、窗帘等可物联网控制,还部署了电力导轨,使师生用网、充电更加便捷。

建场景。先从师生可以立即有获得感的小场景开始,按照日常业务数字化、高频业务便捷化、重点业务智能化的逻辑,开发了 70 余个应用场景，包括校园生活、教育教学、学生工作、办公办事等多个方面，并统一集成到"爱城院"(见图 2-12)，获得了全校师生的广泛认可与好评。

图 2-12 "爱城院"界面

(二)第二阶段:破壁垒、促协同

建立并逐步迭代升级校园公共数据协同平台这一"数字底座"，打通学校主要业务数据壁垒并做好归集、梳理、关联和比对，实现数字资源的高质量供给和全链路有效管控，有力支撑学生发展、教师成长、教学质量保障、学科建设、社会服务等全方位发展,为多跨场景和数字驾驶舱建设打下坚实基础,并以此推动学校治理高效化。

汇聚数据。汇集了 30 个业务部门,共 78 个业务系统的数据。完成了 263 个数据清单,201 个代码表,8063 个数据项,3.2 亿条数据量,开放了 15 个主题数据集市,263 个应用程序接口(API),总接口调用次数达820 万次。

统一入口。统一电脑端和移动端的师生入口,电脑端统一入口为师生数字门户,移动端统一入口为"爱城院"(见图 2-13)。

图 2-13　电脑端(左)与移动端(右)统一入口

建设多跨协同场景。结合"五大空间"建设,进一步梳理问题与需求,以"一件事"为抓手,重点推进具有一事通办、协同联动、服务直达、督查联动等特点的多跨应用场景建设,如"入职一件事""决策一件事""规划一件事""就业一件事""报销一件事"等,以场景建设驱动整体智治,以数字化改革推动服务理念、治理模式的变革,提升服务、治理效能。

(三)第三阶段:建大脑、促智能

校园大脑技术架构由基础设施、数字基座、中枢系统、智能引擎、场景智能、应用场景六部分组成,如何进一步盘活数据资源,实现核心业务数据的实时互通,提升学校感知、预警、辅助决策的智能化能力,是数字化改革的高级阶段。

建设基于"5G＋边缘计算"的专属校园安全网络和云服务体系,保障校园数据与各类应用的便捷、安全、稳定、可控,构造面向全校师生的、集中的、统一的信息资源服务环境,助力城市学院数字治理能力的提升。

建设校园物联网中台,统一规范设备接入标准、接口输出标准和数据目录体系,实现校园大数据监管、分析和智能预测,达到业务整合和联动,为打造精准感知的数字孪生校园打下基础。

建设超算中心,为科研创新、学科建设提供更强大的算力支持和实验数据服务。

建设智能场景,通过"数据＋算力＋模型",打造人工智能应用新场景,如学生安全预警、专业能力导览工具和智能修读助手,打造智治新模式。

架构"一脑两端"驾驶舱。数字驾驶舱是基于中枢系统的数字化管理工具,具有为校院两级领导、各部门负责人提供校务管理数据化、在线化、智能化的功能,做到横向到边、纵向到底。

三、机制保障

(一)加强组织领导,顶层推动实施

城市学院成立数字化改革工作领导小组,由党委书记任组长,负责顶层设计,对学校的数字化改革工作掌舵把向;成立数字化改革工作专班,由校办公室主任任专班组长,教务处处长、信息与教育技术中心主任任副组长,负责统筹协调数字化改革规划制定、制度建设、预算编制、项目论证和组织实施等工作;学校各部门、各学院作为需求主导和应用主体,在工作专班指导下,负责本单位的数字化改革工作;信息与教育技术中心负责校园网络基础设施、公共支撑平台、跨部门应用服务建设和信息资源整合服务等技术支撑。

(二)加强干部培养,推动改革进程

数字化改革是一项系统工程,是对教育理念、方法、内容、技术和体制等进行深刻变革的过程,提升管理干部的数字化思维尤显重要。城市学

院党委书记主持,定期召开学习培训会和整体智治推进例会,不断强化数字变革意识,帮助管理干部跳出传统管理的固有思维和行为模式,使其在经历"不懂—认识—实践—再认识"的过程后,都能够从整体智治的角度出发,运用数字化治理的系统观和改革观,重新梳理问题与需求,将整体智治的理念融入日常管理与服务中,实现机关部门的服务从需求转向供给,管理从碎片转向整体,行动从个体转向全局,观念从固化转向改革,从而实现教育教学模式的变革和治理水平的提升。

(三)加强队伍建设,增强改革动能

针对数字化改革专项工作,城市学院增加相应编制岗位数,设立数字化改革专岗,将引进和培养相结合,建设一支结构合理、业务水平高、具备服务和创新意识、相对稳定的管理和技术骨干队伍。同时建立专业化的运维服务团队,确保业务平台安全、稳定、高效运行。

(四)加强校企合作,强化经费保障

探索社会化建设模式,充分利用外部资源,通过联合实验室、产业学院等方式,积极采用学校主导、联合开发、合作共建、服务外包、外部技术支撑等信息化合作建设途径,探索"自主、开放、合作、共赢"的校企合作新模式。城市学院对数字化建设专项经费预算给予相应倾斜,加大项目成效管理力度,保障学校的数字化改革工作取得真实效,打造出师生真需要、真受益的应用场景。

(五)设立"城市数字治理创新班",培养城市治理所需人才

为满足杭州在建设"数字经济第一城""数字治理第一城"进程中对高素质数字人才的需要,城市学院结合学校人才培养战略,开设"城市数字治理创新班",开启育人新模式,成为全国首创的专门培养数字治理人才的创新班。创新班每年从全校各个专业逾3000名二年级本科生中选拔,每期招生30人。该创新班融贯信息技术、法学、公共管理等学科,旨在培养具备城市大脑治理理念、熟悉政府管理流程与基层社会治理需求,能够运用城市大脑推动治理能力提升的创新型、复合型和应用型本科人才。

第三章 校园大脑体系架构

第一节 总体技术架构

一、校园大脑的特征与内涵

从技术的角度看，校园大脑具有类生命体的感知能力、汇聚能力、判断能力、学习能力等特征，能够对校园全域进行实时汇聚、监测、治理和分析，通过全面感知校园生命体征，辅助宏观决策，预测预警重大事件，配置优化公共资源，保障校园安全有序，实现教学环境智能化、教育资源数字化、教育教学个性化、管理服务精准化、教育改革系统化，是一个智能中枢系统，一种新型智能基础设施。

校园大脑以智能云计算、5G、大数据、物联网、人工智能、数字孪生等新一代信息技术的融合创新应用为驱动，以算力为核心基础支撑，以共性基础平台建设和场景创新应用为重点，以实现对校园全局的及时分析和智能化调配为目标，打通各部门、各层级的业务壁垒，破除数据的条块管理模式，充分推进校园的运行数据资源共享复用、互联互通、智能融合、迭代演进和全面赋能，从而有效降低治理成本，提高治理效率，是提升高校整体智治能力和核心竞争力的重要手段，是推进高校治理体系和治理能力现代化的核心引擎。

二、设计目标

城市学院以打造"数字治理第一校"为目标，运用"始终在线、一键直达"的杭州城市大脑理念来构建校园大脑。通过"一脑治校园、两端同赋能"来为校园的数智治理、决策管理、学生培养、教师发展、科研创新、智慧校园服务等方面提供综合应用能力,全方位地实现整体智治、高效协同和科学决策。

三、整体框架

校园大脑借鉴杭州城市大脑理念,结合高校数字化改革和整体智治的应用建设经验,通过提供跨部门、跨业务的融合性服务应用场景,实现管理端的有序协同和服务端的有效反馈。校园大脑的技术架构(见图3-1)主要包含大脑基座(基础设施、数字基座)、大脑中枢(中枢系统、智能引擎)、大脑应用(应用场景、数字驾驶舱、场景智能)等内容,以及配套的网络安全体系和标准规范体系。

大脑基座是整个校园大脑建设的基础,包括计算资源、存储资源、网络资源等基础设施,保障系统与平台等数据互联互通的数字基座,能为校园大脑提供强大的计算和数据处理能力,是校园大脑能够高效运行的基本保障。

其中,基础设施相当于校园大脑的感知神经网络,主要指校园大脑的各种实时感知设施和安全可信通信网络,是校园大脑用来感知和收集校园各种信息的新型智能基础设施,为校园大脑提供算力支撑、数据支撑和运力支撑。它包含网络基础设施(核心网络、校园环网、无线网络、5G专网)、云计算和存储资源(超算中心、"城院云"、数据中心)、感知基础设施(传感器、摄像头、智慧停车、智能门锁)、孪生基础设施[虚拟现实(VR)、增强现实(AR)、3D、智慧楼宇]等。

数字基座是整个校园大脑的基础架构,类似于一个数据基础设施,它面向数据管理、开发和服务场景,实现数据的集成、开发、服务和治理等能力,并以融合的数据资源为校园大脑的各业务、各场景提供服务。数字基座的数据来源于校园的各种设备、设施及其他数字化系统,涵盖校园通行、综合校情、校园安全、教育教学、校园综合治理等多个方面。数字基座的建设使得校园能够实时获取各种数据,为后续的智能化应用提供坚实的数据基础。

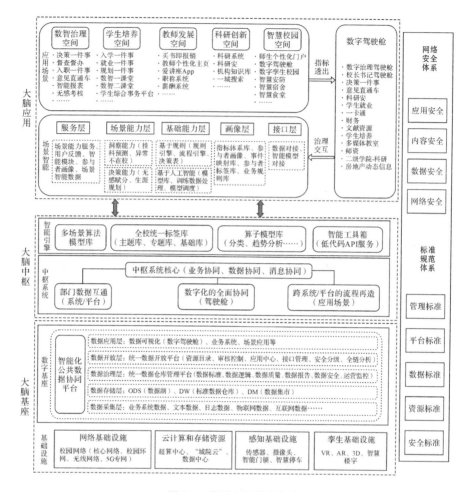

图 3-1　校园大脑技术架构

　　大脑中枢是整个校园大脑建设的核心，它包括中枢系统和智能引擎两大模块。

　　中枢系统是建立在数字基座之上的智能化决策与管理平台，扮演着数据处理、分析、协调、决策的核心角色，是校园大脑的控制和执行中心，为校园大脑的核心部件（数字驾驶舱、应用场景和基础平台）提供服务。中枢系统主要包含中枢协议、中枢协同、数据互通、中枢系统 API 输出等内容，通过对汇聚的数据进行必要的治理和高效管理，实现数据跨部门的互联互通、融合共享和可信安全。中枢系统通常具备数据可视化、分析预测、智能决策等功能。依托数据中枢，根据不同的应用场景需要的数据，从对应的部门、院系获取相应的数据，以及应用场景之间依托中枢系统互相连接，而管理者可以通过驾驶舱可视化看到所需的数据，将以往离散的各部门的数据汇总起来，增强校园各部门业务处理时的连通性，形成对校园运行状态的全面了解，从而可以帮助管理者做出科学合理的决策，提升运营效率。

智能引擎是校园数据、场景应用可视化展示的"转换器"，主要基于校园公共数据协同平台和超算中心强大的算力，结合多场景的算子模型库和智能工具箱，为各种不同的校园应用场景提供服务，使校园管理更加智能、高效。通过中枢系统对数字基座收集的数据进行处理、分析和挖掘，涉及数据清洗、特征提取、模型训练等步骤，得到有价值的信息，然后在算子模型库进行模型快速构建和复用，场景效能评估，为校园运营中心及各个部门应用场景提供强大的业务模型计算能力、人工智能分析能力及丰富的数据资源，进而为管理者提供智能化的决策支持和优化服务，达到校园治理智能化的目的。

大脑应用是校园大脑建设的具体产物，涵盖教育教学、高校治理、校园生活等方方面面的应用场景（含场景智能），以及赋能领导管理决策的数字驾驶舱。

其中，应用场景是根据师生需求在数字化校园建设中通过数字技术和智能化手段进行定制和调整的各种情境或场景，包含校园大脑的智能应用、协同应用和创新应用等，涵盖了师生服务、教育教学、校务治理等方面，旨在提高校园管理效率，提供更好的学习和工作环境，以及增强校园安全性。

场景智能是指在特定的场景下应用人工智能技术解决实际问题的能力，是校园大脑赋能应用的重要组成部分。从利用数据解决管理与人才培养的核心问题出发，依托超算中心算力平台，充分使用深度学习、知识图谱、语义分析及预训练大模型等技术，提供实时、个性化的场景服务，并且将场景智能视为实现高校数字化治理的核心抓手和赋能对象，着重于数据、智能方法及场景设计，主要包含数智治理、学生培养、教师发展、科研创新、智慧校园服务及决策管理的驾驶舱等。例如，通过在教室内部安装智能传感器和智慧化系统，实现课堂环境的智能控制，进而提高教学效果；智慧停车可以利用数据分析和导航系统提升停车效率；智能安防可以通过视频监控和智能识别技术提高校园的安全性等。

数字驾驶舱作为数字治理在数据应用上的主要呈现方式，是校园大脑中一个集成了各种信息和控制功能的数字化控制中心，提供对校园运营和管理的全面监控。核心任务是帮助管理者进行预测和规划，通过分析历史数据，评价和预测高校各业务的现状及未来发展态势。通常以提供直观的用户界面方式，汇总和展示关键数据，帮助管理者更好地全面了解和掌握校园运行状态，进而做出科学合理的决策，提高校园治理的效率和质量。

网络安全体系是从管理机制、保障策略、技术支撑等方面构建全方位、多层次、一致性的校园大脑安全防护体系，加强数据安全保护和用户信息保护，切实保障校园大脑基础设施、平台、数据、应用系统（场景）、数字驾驶舱平稳、高效、安全运行。

标准规范体系是从校园大脑的顶层设计、基础设施、公共平台、数据资源、场景应用、安全保障、数据治理、运行管理等方面制定的标准规范和制度，通过全生命周期的管理来提高整体使用率，使各环节均能发挥最大价值。

综上所述，校园大脑各个部分之间有清晰的能力界定，既能独立演进，又可相互连接和依赖。大脑基座是最底层的基础设施，为校园大脑提供计算资源、存储资源和数据支撑；大脑中枢负责整合和管理各种数据、服务，通过对数据进行分析和挖掘，以智能化的方式协调各个子系统的高效运行；大脑应用是智能化技术手段在不同使用情境下的具体呈现，主要解决教育教学、科学研究、校园治理中的实际问题。在数字化校园中，校园大脑的各个部分各司其职，共同协作，以实现高效、智能化的管理与服务。

第二节 数字基座

高校数据是构建校园大脑的基石，实现数据的全量、全要素归集是构建校园大脑的关键前提。随着技术水平的逐步提升及需求的不断演变，对数据的有效管理成为必然。因此，数字基座就是要对高校数据进行全生命周期管理，以提升对数据的感知、理解和使用能力，从而使数据发挥最大价值。

一、数据管理问题与建设目标

(一)目前数据管理中的主要问题

高校在数据管理过程中存在诸多问题，这些问题阻碍了校内数据的互通和高效利用，制约数据发挥作用，进而对业务开展和决策产生了不利影响，主要有以下几方面问题。

全局视角缺失。高校的数据通常散落在多个业务系统中，导致不同层级或不同领域的人员难以及时了解到数据的分布、更新与使用情况，也难以发现和识别有价值的数据。因此，需要从全局视角出发，统一规划和管理校园数据，提高数据的利用效率和价值。

数据孤岛存在。大多数的高校都存在数据孤岛问题，根源在于技术上存在局限性导致数据难以有效整合。此外，建设过程中缺乏统一的数据标准且数据共享理念匮乏，导致业务系统之间缺乏有效的关联和交互，降低了数据利用价值，进而导致数据价值的流失。

数据质量低下。数据质量低下主要表现为数据在完整性、一致性、有效性、准确性、及时性等方面未达到预期要求。低质量数据意味着低质量的业务管理与决策，进而导致数据统计分析结果不准确、监管业务难及校领导决策难等问题。为了充分发挥数据的潜在价值，相关部门需要持续关注优化和提升数据质量，以确保数据的准确性、可靠性和完整性，为业务发展和决策制定提供有力支持。

（二）建设目标

要解决高校数据管理中遇到的问题，需要建立一套切实可行的数据治理体系。该体系需具备这些特征：数据标准科学、数据资源丰富、数据质量优秀、数据管理规范等。此外，该体系还应适用于高校数据的应用和管理方式，从而实现数据的可持续利用和发展。

数据标准科学。在国家、教育部发布的数据标准基础上，结合高校的实际数据情况，形成一套相对科学且符合高校自身特点的数据标准。

数据资源丰富。全量采集校内数据资源，包括业务系统数据、线下数据、物联设备数据、日志数据等，形成一个数据资源丰富的全量数据中心。

数据质量优秀。采用先进的技术手段对数据进行清洗，并将处理后的数据存储于校级数据仓库，对于技术手段无法处理的数据问题，通过质量报告及时反馈至源头部门，以便进行数据修正，形成质量闭环，确保数据质量的可靠性。

数据管理规范。通过建设校级数据资源平台，实现对数据的统一管理，全面监控数据的"进、存、管、出"环节，形成一套高效、严谨的数据管理规范。

二、数字基座的架构和功能

（一）逻辑架构

校园大脑数字基座在逻辑架构上，采用了层次清晰的松耦合架构，逻辑上从下到上分为五层，分别为：数据采集层、数据存储层、数据治理层、数据开放层、数据应用层。

数据采集层汇聚校园所有的数据，主要是各业务部门的业务系统数据，同时也包括物联网数据、日志数据、线下电子数据、互联网数据、文本数据、音视频数据等，这些数据都是感知校园的重要数据来源。

数据存储层主要包括数据湖、标准数据仓库及数据集市。

数据治理层主要包含数据标准、数据逻辑、数据质量、数据报告、数据安全、运营监控等。

数据开放层主要包含资源目录、审核控制、应用中心、接口管理、安全分级、全链分析等。

数据应用层主要实现数据的有效利用，为学校教学科研、管理提供数据服务。

(二)主要功能

1.建立数据标准

根据国家标准、教育部标准、行业标准，并结合高校数据特点进行归纳整理，建设和完善高校的各项标准，制定高校自定义的编码规范，设计出一套结构科学、实用的校级数据标准体系，为当前和未来所有业务系统和场景的建设提供顶层指导规范，保障数据的内外部使用及数据交换的一致性和准确性。

2.搭建数据模型

高校在不同业务发展阶段建设的业务系统，最大的问题往往是系统集成过程中数据模型的不一致。解决这个问题的方法就是从全局入手，设计标准化的数据模型，构建统一的数据模型管控体系，来提供统一、多系统、基于多团队并行协作的数据模型管理。数据模型管理工具负责为高校数据模型的管理、比对、分析、展示提供技术支撑。

3.保证数据质量

根据校级数据标准目录，完成不同结构的数据汇聚，实现数据"按需归集、应归尽归"。对汇聚的数据进行清洗和质量检测，根据数据的质量特性，制定合理的质量规则，并针对每次的检测结果，生成质量检测报告，按照"谁提供、谁负责"的原则，由责任部门修正数据问题，闭环提升数据质量，实现全校数据高质量供给。

4.实现数据共享

将清洗治理后的高质量、多维度数据按照校级数据标准进行分类和规范组织，生成标准数据仓库，形成标准数据集。通过对业务域数据相关信息的梳理，进行校级数据资产目录的编制与发布，在数字基座中完整呈现。同时，根据各种具体的业务场景，统计所需数据内容，基于标准数据仓库进行数据选择、组合、筛选、关联等处理,生成与应用相对应的主题数据集,形成数据集市。

三、数字基座的实现

(一)建设流程

数字基座的建设大致可分为三个阶段:数据采集与汇聚、数据综合治理及数据共享与利用。在整个过程中,高校的顶层设计至关重要,主要包括架构设计、数据管理规范制定及制度规范实施等方面。为了推进建设,高校还可以发布相关管理办法和实施细则,以确保建设工作的顺利进行。

数字基座的主要建设流程(见图 3-2)是通过梳理校内组织、业务、数据和技术等方面现状,结合高校现有的组织和职能分析现有业务系统采用的技术和数据存储情况,选择相应的技术方案,确定数据对象与入库的方式。数据对象可以是数据库、日志、Excel 等。在数据集中后,对数据进行质量检测并输出报告,确保数据的准确性和完整性。若数据符合预设标准,再根据标准设计将数据入库,并以 API 或其他方式对外提供数据共享交换服务。

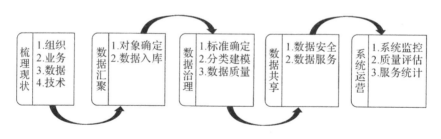

图 3-2　数据基座的建设流程

(二)数据汇聚

在充分梳理校内各类数据的基础上,将其全量抽取到数据湖中。数据汇聚的范围包括业务系统数据、线下表格数据、物联网数据和互联网技术(IT)设备产生的日志数据。为了实现数据的全面汇聚,需要提前确定合适的技术路径与手段。

（三）数据治理

数据治理是基座平台最主要的一个环节，旨在对外提供高质量、高可靠性的数据服务。数据治理流程（见图 3-3）主要包括数据汇聚、质量检测、清洗转换和入库。首先，在数据汇聚后，根据预先设定的质量规则对数据进行质量检测；其次，基于质量检测的结果，针对问题数据进行清洗和转换，以提升数据质量；最后，对清洗转换后的数据完成入库操作，确保数据高效存储和管理。

图 3-3　数据治理流程

数据质量检测与提升是数据治理的一个重要环节（见图 3-4）。在数据汇聚后，根据质量检测报告循环提升数据质量，最后达到入库的要求。

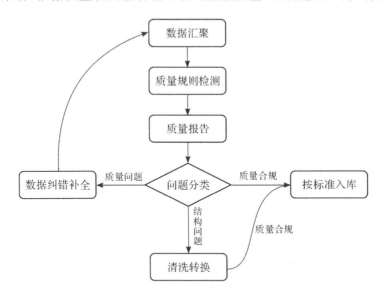

图 3-4　质量闭环提升流程

（四）数据共享

利用检测入库后高质量的数据资产，构建数据的"开放—发布—监控"共享流程,使数据资源管理体系化、流程化,减少沟通环节,降低数据使用难度和管理成本。根据数据使用者的类型和权限,提供多类型数据共享接口,如 API、数据库直连、文本下载等方式,按业务场景、技术类型、数据来源分类整理并构建完善的校级数据开放形态,通过安全的流程化审核,实现数据共享全过程留痕,提质增效,保障数据共享的安全性。

(五)整体运营

通过数字基座的建设,制定高校数据顶层规划,明确数据管理规范,包括数据资产目录、编码规范、质量规则、数据"血缘关系"等。通过数据资产的盘点,明确各部门职责,确保数据质量和安全。同时,制定数据共享规范以提升管理水平。通过数据治理,帮助各部门深化应用信息技术,提升数字化应用水平,推动管理流程优化,提升管理和决策能力,全面推进高校数字化转型工作。

第三节　中枢系统[①]

一、中枢系统框架

高校中枢系统将高校各部分业务系统依照治理体系组织起来,形成校园治理的大脑,达到整体智治的目的。中枢系统作为校园大脑建设的基础能力底座,主要功能包含中枢协议、中枢协同、数据互通、中枢系统API 输出等内容。

中枢系统的核心功能是业务协同及数据协同。通过业务协同网关,实时接入部门信息化系统,实现各部门、各院系数据实时在线、系统互通,通过数据接入及实时 API 订阅体系,实现跨部门、学院数据即时流动、数据协同。

---

① 设计理念来源于参与杭州城市大脑建设中的相关思考,校园大脑中的中枢系统相关技术选型则参考了《城市大脑白皮书(2020 年)》。

校园大脑的核心部件可分为数字驾驶舱、应用场景、中枢系统和基础平台。各个组织或部门构成自己的数据网络，为了实现多个数据网络共享和协同，需要通过数据中枢系统连接各部门信息化系统平台。依托数据中枢系统，根据不同的应用场景需要的数据，从对应的部门、院系获取相应的数据，以及应用场景之间依托中枢系统互相连接。中枢负责数据传输，支撑传输数据本身，但不关心传输的是什么数据，也不对数据进行汇集，可看成是一个更底层的基础设施。中枢系统仅连接各部门的数据，并不会对数据进行类似于数据中台和数据湖一样的数据汇集，可以很好地保护关键部门如院系等的保密数据。管理者可以通过驾驶舱可视化看到所需的数据，将以往离散的各部门的数据汇总起来，增强校园各部门业务处理时的连通性，减少老师学生以及管理者的时间和精力成本（见图3-5）。举例而言，以往没有数据中枢时，学生需要携带大量的证明材料去办理业务，而这些资料实际已经存在于各个部门的系统里，却因为部门之间无法有效地传递数据而消耗大量精力。如果打通各部门信息系统之间的数据交换，不仅便利于老师和学生，同样可以让高校部门更准确地把控制度的落实效果。

二、中枢系统的业务体系

中枢系统的业务协同通过适配各业务系统的接口，构建统一信息化服务网关，使所有应用系统能够通过中枢系统提供的服务网关访问其他系统接口，从而避免了在系统之间出现复杂的网状接口交互，既提升了系统的可维护性，又降低了业务场景的复杂度。中枢协同的种类有业务协同、数据协同和信息协同。

(一)业务协同

业务协同用于实现跨部门的业务协作。在获得授权的情况下，协作各方可以通过中枢系统访问对方的 API，完成复杂的业务流程，同时确保跨部门业务的完整性和数据一致性。协作过程中，各方无需关心网络情况、部署情况、网络协议等，只需获得授权即可完成业务协作，大大提升协作效率，节约开发成本。

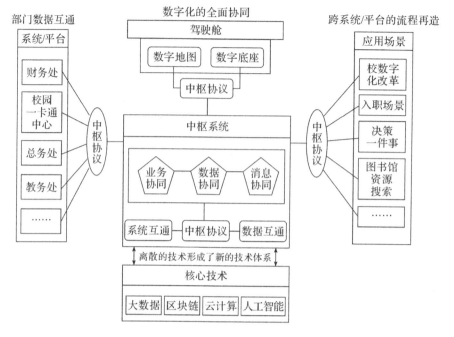

图 3-5　中枢系统的定位

（二）数据协同

数据协同主要用于跨部门的数据流动。前提是数据已接入中枢，接入方式可以是文件、数据库、API 等，可以实时或离线接入。数据需求方可以检索已接入的数据并进行数据订阅，中枢系统根据订阅需求推送数据到需求方。订阅可以是实时或批量，但总体频率不高于数据接入频率。通过数据协同，各部门、院系之间实现数据共享，最大化校园数据的价值。

（三）信息协同

信息协同的主要作用是实现跨部门的数据实时流动，适用于半结构化的实时数据，作为数据协同的补充。信息协同还能连接物联网设备，实现物联数据的实时流动。数据需求方可以根据需求订阅所关注的数据，中枢系统确保信息可靠送达，同时记录信息轨迹以实现数据全程可追溯。

三、中枢系统特征

校园大脑中枢系统实现了全校园的数据互通、场景化的在线协同及跨部门的流程再造。其主要特点如下。

(一)数据在线,共享资源

作为校园的数据交互中心,实现了数据在线,确保了数据可用性,这使得校园能够形成闭环,实现即时获取和分析数据,从而快速做出决策。

(二)数据协同,系统互通

作为互通中心,连接了各部门系统与平台,确保了安全可信的数据流通,实现了跨部门、跨层级、跨院系的业务和数据协同,推动了管理经验的数据挖掘。

(三)数据智能,整体治理

作为处理中心,通过数据闭环,实现了从个体经验、规模化的人工智能到校园智能的迭代。利用数据和算力解决校园治理中的问题,同时保障了校脑的灵活演进和低成本。

四、中枢系统技术体系

(一)数据交换体系

校园大脑中枢系统旨在提供一个稳定运行的平台(见图 3-6)。各个接入方基于中枢系统,可以相互订阅 API、数据及信息,各取所需。API 根据用途分为业务类、指数类、非业务类等。业务类是指有业务功能属性的 API,比如学生奖学金申报,这个是学生系统中有鲜明业务意义的 API;指数类是指该 API 传递的是纯数据信息,如某个学生的成绩,该学生又区分很多维度,通过转化可以快速变成指数或者指标;其他是接入方内部使用的一些非业务意义或指数意义的 API,比如用来接收数据推送是否成功的 API。

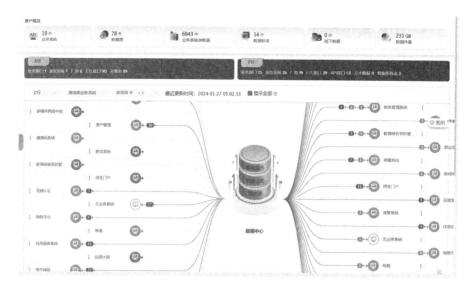

图 3-6　数据交换体系

同时,中枢系统推出了业务协同和消息协同的功能模块。各接入部门以标准化的方式接入中枢系统,使得各个接入方的资源可以在授信的体系内实现互联互通,以此为基础各部门进行业务协同、数据协同。

开发人员可以通过 HTTP/HTTPS/TCP/WebSocket/MQTT 等数据传输协议实现对资源的调用或订阅。同时,中枢系统提供标准软件开发工具包(SDK),以方便开发人员访问中枢系统上的开放的服务或资源。在跨部门、院系进行业务协同的过程中,中枢系统可以对多部门的数据进行融合计算,并通过计算得到业务协同指令或结果。中枢系统通过中枢协议,将实时或离线计算的结果输出到目标业务系统中。对于计算结果,可以通过订阅的方式,实时或定时输出到指定的系统内,系统要按指定的接口规则实现数据接收服务;也可以通过 API 或数据服务向各部门开放,各部门可以调用 API 或数据服务进行检索。

通过 API Hub 可以将系统已经分析的数据通过规范的 API 方式供给第三方系统,比如数字孪生系统、数据分析系统、数据驾驶舱系统等(见图 3-7)。当系统根据算子生成相应模型后,用户可点击 API 申请按钮,自动生成该模型数据接口,用户可在此模块查看待审核的 API 申请列表。

图 3-7　API Hub 示例

(二)中枢协议

中枢协议是校园大脑的神经系统和血管系统。校园大脑通过中枢协议,连接部门系统、校区平台,实现系统互通和数据协同。中枢协议分为安全协议、数据协议等。

安全协议涵盖数据加密签名和安全认证协议。数据加密签名确保数据在传输中的安全性和完整性,防止数据被拦截或篡改。支持的加密算法有 SM4/DES,公钥密码算法包括 RSA/SM2,摘要算法支持 SM3/SHA1。安全认证协议兼容 OAuth 2.0 认证体系,确保协同过程中各参与方身份的合规性。网络协议主要指数据传输协议,支持 HTTP/HTTPS/FTP/SFTP/TCP 等协议。

数据协议包含服务发现、协议适配和数据打包。服务发现可以使服务访问者透明访问服务提供者,无需关心其物理部署和网络结构,中枢系统会获取可用的服务地址完成服务调用,并将调用结果反馈给调用方。协议适配用于适配不同的服务提供者和调用者,无需服务提供者进行协议层适配即可接入中枢系统。对于服务调用者,可根据开发语言及框架选择适合自己的协议访问中枢系统。数据打包协议用于在服务调用者和服务提供者之间进行数据传输,可以支持的序列化协议包括 JSON、XML、Thrift、Protobuf 和 Avro 等。对于自定义的序列化协议,提供者需提供序列化/反序列化类,对请求和响应的数据报文进行打包/拆包。

通过校园公共数据协同平台,推动数据和应用融合,形成数据开放创新生态体系,统一数据开放建设。提升平台监测监控、数据脱敏、数据加密等模块功能,确保数据开放和应用安全合规。建立多层级数据资产开放管理机制,完善受限开放类数据的申请审批机制。加大数据开放应用创新力度,积极支撑各部门数字化改革创新性应用建设。

校园大脑需要推进各系统与平台特别是垂直机构的系统与平台有效接入,实现跨校区、跨层级、跨系统、跨部门、跨业务的互联互通与共建共享。在校园大脑校级中枢系统基础之上,构建校园大脑校区枢纽、院系级节点和校企节点等。

各类校园应用系统可以通过 CA 认证的方式,邀请接入校园中枢系统中,应用系统通过向区域校园中枢节点发送心跳请求,报告自身运行状态;所有注册到该中枢系统上的元数据资源信息,均通过各校园大脑区域一体化中枢节点在区域内进行共享;同时各区域校区节点组成的区域一体化用于跨区域之间的元数据资源信息共享,进而实现校园内不同校区之间的资源发现,真正实现区域数据的在线、协同(见图3-8)。此外,通过中枢系统访问其他应用系统数据,需要进行授权申请,并在获得对方审批后方可访问,所有的授权审批信息同时存储于所属区域的校园大脑区域一体化中枢节点上。

认证通过后,各中枢系统之间可实现资源相互调用,所有的调用请求由校园节点进行路由转发。校园大脑在校区级先行梳理形成数据协同,通过逐级逐层的方式,全面打通部门系统之间的数据互联互通,再向下可以延伸至院级节点。

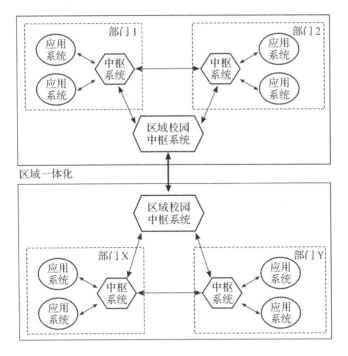

图 3-8 校园大脑区域一体化中枢示例

第四节 智能引擎

校园大脑的智能引擎(见图 3-9)通过数字基座(智能化公共数据协同平台),结合多场景的算子模型层,加上对外 API 服务,来为各种不同的校园应用场景提供服务。通过对数据的共享共通,实现算子模型的快速构建和复用,提供场景效能评估等手段,以高效率、低成本的方式为校园内的各种场景和应用提供智能化赋能。

一、数字标签库

如图 3-9 所示,智能引擎建立在数字基座之上。如前所述,智能化公共数据协同平台(以下简称数据协同平台)是校园大脑数字基座的核心,其在逻辑架构上,采用了层次清晰的松耦合架构,将整个数据协同平台从

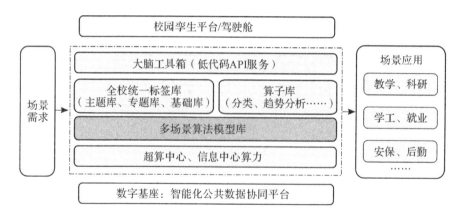

图 3-9　校园大脑智能引擎的层次结构

逻辑上分为五层,分别为:数据采集层、数据存储层、数据治理层、数据开放层、数据应用层。

逻辑设计上最底层是计算和基础存储平台,其次是垂直数据中心,负责全域数据采集与引入,以需求为驱动,以数据多样性的全域思想为指导,采集与引入全业务、多终端、多形态的数据。再往上是公共数据中心,按照基础层、公共中间层、应用层的数据分层架构模式,通过数据指标结构化、规范化的方式实现指标口径统一。

再往上是萃取数据中心,形成以业务核心对象为中心的连接和标签体系,形成标签库,深度萃取数据价值,提供了包含统一数据集成(业务系统数据集成、线下数据集成、日志数据集成、物联网数据集成、互联网数据集成)、统一数仓管理、统一数据开放、统一数据资产目录、结构化数据增量或全量同步、非结构化(日志)结构化处理、累积历史和清洗的整体解决方案。

基于此架构,通过对数据层面共性能力的抽象和沉淀,在保证高校数据规范化的基础上,快速支撑信息化场景的创新、快速满足变化的上层业务需求、支撑高校数字化改革总要求,达到数字化改革对数据基座的建设要求。

二、算子模型层

算子模型层在数据协同平台汇集数据的基础上,依托超算中心的算力训练模型,采取更多的宽表化手段构建公共的指标数据层,来提升模型的复用性,为各个应用中具有共性的数据计算和数据分析能力需求提供通用算子库(见图 3-10),如基于一卡通、校内兴趣点的感知能力,基于身份认定的数据关联能力,基于标签属性的多粒度分析能力,等等,并提供几十种基本操作算子。

图 3-10 模型低代码构建层

交集。选取基础数据后,通过交集算子,可以碰撞出某个匹配条件下两表中相同的部分,可对数据增量方式、查询条件、输出字段、表关联字段等信息进行设置,设置好后系统可根据设置生成相应模型。

差集。取模型碰撞中某个匹配条件下两表中不同的部分,可对数据增量方式、查询条件、输出字段、表关联字段等信息进行设置,设置好后系统可根据设置生成相应模型。

查询。提供碰撞结果中字段排序,可指定查询多少条数据,可对数据增量方式、查询条件、输出字段、表排序字段等信息进行设置,设置好后系统可根据设置生成相应模型。

自定义结构化查询语言(SQL)。提供更加灵活的配置方案,用户可以根据自己的需求进行 SQL 的编写,系统会通过解析 SQL 生成新的模型,得到用户想要的模型结果。

数据统计。可对数据模型中的某个字段进行分组和统计,包含最大值、最小值、求和、求总数等一系列的操作,而后可对数据增量方式、查询条件、数据统计、表关联字段等信息进行设置,设置好后系统可根据设置生成相应模型。

时间格式转换。可选取时间戳字段或日期时间格式字段,将时间戳字段转换为某种格式的日期时间字段,或将某种格式的时间日期字段转换为时间戳,生成新的模型。

左连接。以左表为基础,根据选择的两表的条件将两表连接起来。结果会将左表所有的查询信息列出,而右表只列出关联条件与左表满足的部分。

右连接。以右表为基础,根据选择的两表的条件将两表连接起来。结果会将右表所有的查询信息列出,而左表只列出关联条件与右表满足的部分。

执行设置。用户在选择算子后需要对模型执行时的参数进行设置,不同算子中设置会有细微变化。设置内容为:是否增量、选择主表、查询条件、输出字段、关联字段、排序字段、TopN、统计字段。是否增量:模型碰撞结果集可进行增量插入与非增量插入;选择主表:对碰撞的主表进行设置;查询条件:可对原数据表进行数据筛选操作;输出字段:可对模型碰撞结果的字段进行选择;表关联字段:选择两个表之间的关联字段,支持多组选择;排序字段:支持对模型碰撞结果的排序字段进行设置;TopN:对取结果的前 N 条记录数量进行设置;统计字段:可对数据进行统计和分组操作。

在各类基础平台支持下,模型库构成校园大脑能力层,通过智能工具箱构成对外服务层。模型库中展示的模型,按不同权限范围分为基础模型、个人模型和外部导入模型。模型库列表支持对模型进行详细筛选,方便在模型过多时通过筛选找到适用的模型。常见的模型库有学生安全风险模型、职业能力模型、专业能力模型、课程关联度模型、学生修读预测模型等。系统中的模型经过积累,形成模型库后,可点击申请 API 按钮,申请为 API,系统会根据模型数据自动生成接口,方便数据对接至其他系统。系统可创建配置模板,创建后可在新增模型时使用此模型模板,在此基础上再次配置处理数据,达到获取新模型的目的。

第五节　场景智能

一、目标

场景智能和传统的智能技术解决单一的问题不同,其目标是使计算机能够理解人类生活中的复杂场景,并基于这些场景提供相应的服务和决策。一般意义上的场景智能囊括了基于传感器的环境智能、场景感知、环境安全及智能化处理等广泛的领域。本书中所设想的场景智能是在高校数字化治理条件下,从利用数据解决管理与人才培养的核心问题出发,充分使用深度学习、知识图谱、语义分析及预训练大模型等技术,提供实时、个性化的场景服务,并且将场景智能视为实现高校数字化治理的核心抓手和赋能对象,着重于数据、智能方法及场景设计。

(一)高校场景智能

为了厘清高校数字治理视角下的场景智能,我们需要从场景、治理、育人三个角度来进行观察分析,并且基于不同角度展开分析和理解,实现场景的抽取和智能化要素的构建(见图 3-11)。

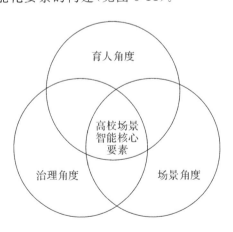

图 3-11　场景智能三个观察角度

1.场景角度

能承载人的活动,产生人与人的关联的环境或事件,都可以被视为场景。场景的划分因人而异,可以互相包含与重叠。比如可以说智能安防是一个场景,也可以说入校管理是一个场景,前者包含了后者。讨论场景智能,需要梳理清楚场景的参与者、互动方式、过程数据等,这样当从场景角度划分场景的时候,才能够有充分的划分依据。在这样的划分下,场景智能的核心目标是如何提升参与者的便利性和获得感,并且能通过数据智能保持有意义的数据积累,并进一步推动场景提升。比如"爱活动"这个典型场景,首先推动的是参与者的便利性,包括更好的活动通知、报名、预约、签到、无感赋分等,并且可以依据参与数据更好地对未来活动内容和参与者的选择提供改善建议。场景角度还包括将场景再构造为更大的场景体系,比如"数智一课堂——学在城院"场景就包含了课堂签到、互动课堂、作业管理、在线听课众多场景的组合。

2.治理角度

从场景角度考察是一种自下而上的模式,从校园实际情况出发,梳理各种场景并观察场景间的关系。从治理的角度,那就需要自上而下,根据治理目标完成场景设计或者重构。比如在梳理数字化为师生减少行政事务时间目标时,对项目经费买书场景进行了改善,打造了"买书即报销"场景,实现了教师线上买书,项目经费智能匹配预算项目,图书直寄到家,项目经费自动结算的能力,落实了对师生的减负目标。为了充分实现师生减少行政事务时间的目标,那么就可以自上而下地罗列校内师生参与的大量行政环节,然后一一地利用场景智能进行设计和提升。

3.育人角度

无论是场景角度还是治理角度,都可以完成场景的抽取和智能化设计,但是作为高校的整体智治方案,必须将大量的场景进一步从育人的角度进行设想,用智能化提升场景的育人功能。例如,当考虑到课堂外的学生培养时,就需要考虑城市学院培养人的目标,并且从教育者的角度来融入教育功能。具体在职业生涯规划场景中,传统的做法是经过规划宣讲课程,然后安排学生按照生涯规划书模板进行撰写上交。如果仅仅从便利性上考虑,那么可以提供线上撰写和上交的功能,减少任务安排和上交批阅的流转时间,但是没有对育人本身进行设计。所以在职业生涯规划场景智能化过程中,设计了"认识自我""认识专业""认识规划""自我规划""咨询指导"等不同环节,在每个环节都通过数据智能提供引导和建议,并且进一步通过软件工具实现大学全过程职业生涯规划的智能化辅导,最终推动学生的自我成长和高质量就业。

(二)场景智能的重要性

从高校治理的角度,无论是管理活动还是教育活动,都发生在场景中,所以任何治理目标的实现落实,必须依托于场景。反之,要实现治理策略的改善提升,就需要从场景中获取过程数据作为支撑佐证。没有场景的智能化,基于校园大脑的整体智治就无法落地生根。

从技术结构设计的角度,场景智能是底层数据基座、中枢系统、智能引擎和用户服务之间的桥梁,场景智能通过场景应用需求,向底层传递技术需求,向上释放智能服务能力。如果场景智能不能良好地进行设计,那么就会使得应用和底层能力脱节,而导致整个校园大脑体系从技术上无法形成一个稳固而可以持续迭代的结构,无法维持体系的生命力。

从数据的角度,场景智能是检验底层数据完整性和质量的指挥棒,是驱动数据积累和数据价值挖掘的引擎,场景智能同样是收集用户反馈的直接通道,对需要用户反馈不断改善的人工智能模型至关重要。

二、场景智能框架

场景智能从理念落实到实际的系统构建需要一个具有稳定性的框架,用于包容场景建设的复杂情况。当开启场景智能建设的时候,一般会面对校内已经具有大量应用软件的情况,但是更关键的是在场景和治理理念不断演进的情况下如何来提供稳定的场景智能化能力。这个时候就需要一个场景智能框架提供服务化的能力让历史工具容易引入智能化能力,更重要的是能剥离智能化基础能力并独立演进发展。下文将梳理场景构造的框架和几个关键组成部分。

(一)场景智能构造的核心要素

要实现场景智能,首先需要分析场景智能构造的核心要素,然后进一步地分析所需要采用的设计方法和结构框架。核心要素如下。

数据。场景智能需要基于大量数据进行分析和判断,因此需要具备数据驱动的思维,设计场景数据模型。

参与者。场景智能需要关注参与者的需求和体验,从用户中心出发,结合参与者意图和画像,才能构建出有针对性的服务。

场景互动。场景包含大量的动态要素,可以是人和人之间的互动,也包括人和数据、资源、环境之间的互动,场景智能需要结合情况规划互动模式。

业务规范。场景包含的业务规则,也需要使用智能化来进行保障和优化,促使场景中的活动符合业务要求,达成业务目标。

场景整合。场景中活动开展过程在很多情况下需要其他数据的支持,和不同的场景进行数据整合,这就需要构造设计场景对外服务和提取其他场景数据,甚至是场景互动的情况。

技术。场景智能需要借助大量的技术,即使是常见的场景智能都可能需要使用人工智能、机器学习、自然语言处理、计算机视觉等先进技术。技术的约束和成本需要纳入场景智能的构造考虑。

反馈。场景智能如何能持续迭代改善,需要参与者反馈,以及基于数据的场景评价能力。场景智能需要设计良好的反馈闭环。

(二)场景智能框架结构

完成场景智能化要素的考量后,将场景智能化框架设计为分层结构。分层结构的不同层级解决不同的设计关注点,并且达成对不断演进的场景能持续赋能,又能够不断积累场景智能化能力的目的(见图3-12)。

接口层主要负责与智能中枢进行对接,完成对数据和模型基础能力的对接。场景智能框架需要大量的业务数据汇集及事件触发,这些均通过数据对接层封装的智能中枢能力来达成,使得不同业务之间的数据交换标准化、数据触发机制规范化。接口层中的智能模型对接层,主要对接

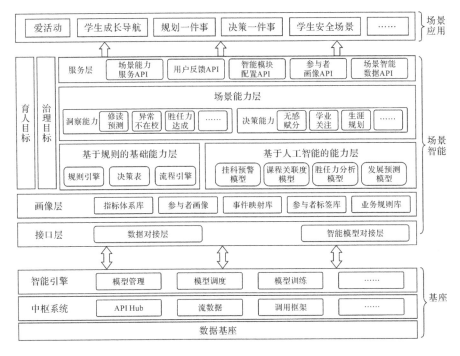

图 3-12 场景智能框架结构

中枢系统及智能引擎中的模型机制和算子库能力。场景智能的各个层均可能需要不同的模型和算子,通过模型对接层调用基座的相关能力。

画像层解决参与者画像问题,而参与者画像是构建场景智能的基石。参与者画像的核心在于解决刻画指标体系和数据映射两个核心问题,使得在智能中枢数据的驱动下,可以实时达成画像,并供给上层能力使用。画像层当前的设计主要是对参与者进行刻画,但是从技术结构看,只要能给定指标体系和数据映射规则,画像层可以对任何数字化实体进行刻画,然后构建对应的能力层模块,以实现基于这种实体的智能。

基础能力层通过智能技术构建基础性的智能能力,在框架中引入基于规则的非人工智能技术和基于人工智能的技术,用于适应不同的智能化能力构建需求。

场景能力层就不关注技术分类,而是从具体的场景出发,利用画像和基础能力,构造特定的场景应用能力。一般来说场景能力是可以多场景复用的,以异常不在校的洞察能力为例,在学生风险管理场景工具中,将其构造为学生安全风险评估的一个指标,当出现异常不在校时就将学生安全风险值加1;在学生谈心谈话场景工具中,当出现异常不在校时,就会构造一个谈心谈话的建议通知并推送到班主任,建议班主任进行谈心谈话;在学生关注体系中,如果某学生是学业关注学生或者心理关注学生,当发生异常不在校时,就会产生一个需要处置的预警发送到辅导员进行处置。以此类推,这类洞察能力还可以融入更多的场景中以提升场景的智能化水平。

服务层主要用于对实际的场景应用进行集成。在此框架设计下,场景应用的建设包括两个部分,一个是实际场景业务的部分,另一个是场景智能的部分。场景业务的部分处理实际场景的业务诉求,需要智能化的环节就可以通过服务层的方式进行集成。

场景智能框架隔离了场景应用业务的部分和智能的部分,这样做保障了场景智能能力的可持续迭代和一致性,并可以削减长期建设成本。

首先,实现对既有场景应用扩展的能力,对校内现有应用统一的智能化提升。例如,校内既有的预警功能或者学生关注功能,可以通过场景能力服务 API 对接挂科预测、异常不在校等能力,实现智能化预警,并且随着场景智能的丰富,还可以不断扩展各种智能预警。

其次,保障智能能力的整体性,并且实现场景应用的快速集成。各个场景开发项目预算差异大,供应商能力参差不齐,各自为政必然导致智能化建设重蹈信息化建设系统割裂的覆辙,智能系统技术具有难度大成本高的特性,重复建设是需要极力避免的。场景智能框架保障了对场景智能应用的强制设计约束和全校性的整体布局要求。

最后,实现智能能力的持续改善并推动所有场景的整体提升。智能化和过去基于业务进行开发的一个重大不同是数据重于规则。随着数据规模的提升,通过模型训练的智能化能力必然会要求持续演进,场景框架保障了从数据到场景能力独立的演进路线。即使针对某些特殊场景的智能设计,可能需要特定的智能能力模块,当前框架也可以保障其智能模块本身从数据取用到智能模块的规范性和可管理性。

（三）参与者画像

场景智能问题从设计的角度上可以视为以用户为中心的设计。这个时候对智能计算来说，为了解决以用户为中心这个基本诉求，就要先完成对参与者的刻画。当场景智能框架能足够好地刻画参与者后，就可以进一步构造智能算法对参与者的意图、适应性进行分类，然后结合场景业务及互动设计等，为不同的参与者提供个性化的支持能力，最终构建出软件工具赋能场景，实现场景智能。

在高校智治中最重要的参与者毫无疑问是教师与学生。参与者画像从设计上讲，必定是一个动态的和具有差异化的结构。该结构应该包含如下的特性。

刻画体系。由于对不同的角色所需的刻画体系不同，而且指标会有灵活扩充的功能，指标的赋分方法和记录方式都可能有差异。城市学院场景智能选择了多层树状指标体系，并且配合设计指标有多种计分方式。

数据映射。画像赋分通过过程数据映射机制进行触发和记录。该部分将充分利用中枢智能架构，完成对所有业务数据的映射支持，支持随时按需配置并对接所需数据项。而且画像体系支持数据映射的历史队列，要考虑画像回退及重新计算的可能。

二次使用。画像本身在刻画参与者之外，对场景智能最大的价值是实现智能计算，如支持实现参与者意图、参与者分类、参与者偏好等场景智能核心算法。同时画像还可以支持个性化反馈及参与者的过程性评估等高级应用，以及展开比较、群体画像等数据应用。

核心素质指标体系（见图3-13）中刻画所使用的是多层树状模型，其叶节点是计分项，分支节点是指标项，树的高度可以是任意的。使用这种结构，可以在系统中定义出任意级数的指标体系。在计分项中共有四种计分方法，分别是计次、加分、扣分和最大值计分，以适应场景智能评估中纪实和计分的不同需求。

为了不影响业务处理，降低模块耦合性，数据映射利用中枢框架，采用实时计算模式。当发生了一个计分事件数据时，中枢系统会将该事件发送到计分模型消息队列，画像模块中专门的计分事件消费者程序会对

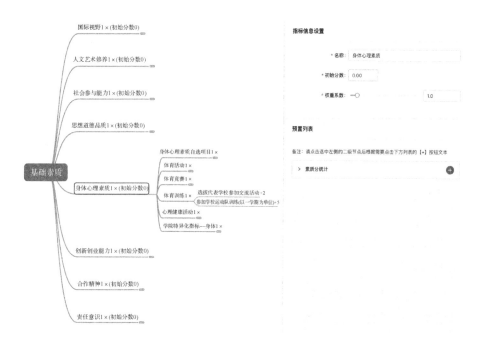

图 3-13　核心素质指标体系

计分事件进行处理。由于计分处理是一个比较耗时的操作，这种基于消息队列的异步处理模式，可以提高系统的响应速度，同时让指标系统更健壮和稳定，并且随着智能场景的增加或者学生规模的变化，非常容易对计算节点进行扩展而不影响其他任何系统的功能。同时模型还会将所有的事件记录到每个具体参与者的事件队列中。当参与者的模型或历史事件发生变化时，系统会找到变化的部分涉及的事件，并立刻对所有事件进行重新计算，每次的变化都会被记录到事件的计分日志中。这种模式为画像提供了可追溯的事件源，并且提供了回退和指标调整后重新计算的模式。这种特性对参与者刻画至关重要，保障了计算中无论什么原因都可以溯源和回退，为设计者保持了随时调整刻画体系的能力及纠错的能力。这种设计还具有额外的收益，包括可以扩展映射规则，支持一个事件触发多个计分指标，以及为参与者提供多个指标体系。

（四）个性化

在参与者画像的基础上，场景智能需要进一步完善个性化的能力。

从逻辑上,当我们在一个场景智能中提供个性化服务时,需要计算参与者的相关属性,在通过相关属性为参与者分类后,为其提供个性化的服务。但是,在智能场景中使用参与者的属性是一个非常复杂的问题,一些属性如参与者的专业、性别等是非常容易获取的,但是智能场景的深入应用会提出更高的要求,例如,如果要将学生分为积极参与课外活动的和不积极参与课外活动的,这个计算就会相对困难。为了更好地支持场景智能中的个性化要求,我们设计参与者标签库,来执行复杂的参与者属性构建,作为画像的补充。

首先,标签库具有很强的可扩展性,随着治理的深入需要不断扩大对参与者的属性定义,以及随着数据维度的增加,对参与者的刻画本身也会更丰富。标签库设计为针对参与者的可扩展预定义属性集合,并且提供属性的自定义扩展方法,这样就可以随着数字化治理工作的开展,不断地通过扩展标签来适应对参与者越来越多属性定义的需求。例如,通过定义"积极参与课外活动""不积极参与课外活动"两个标签来扩展对学生的分类,那么在需要考量学生课外活动参与情况的场景中,就可以快速识别不同标签群体的学生。

其次,采用算子化来执行标签更新。原则上讲参与者的标签值都来源于大量的原始业务数据和过程数据,这个必然导致很大的计算量,例如,评估一位同学的"积极参与课外活动"标签值,需要综合考虑他入校以来的活动、讲座、竞赛等过程数据,这个属性值的计算结果将会使用多个业务中的数百条数据,而这数百条数据又要从数百万的数据中查询出来。实时分类查询计算实施起来将非常困难,甚至会影响实际业务数据库的性能而无法实现。通过算子化可以构造一个活动参与算子、一个讲座参与算子、一个竞赛参与算子,然后利用每天晚间的空闲时间调度算子,更新每个参与者的属性值,并且可以利用增量查询的方式来优化算子效率。个性化计算就直接使用标签值快速完成参与者的个性化评估。高校中大量场景智能中使用的参与者个性化分类,都类似这种非实时的分类要求,所以算子化可以解决标签标注的绝大多数问题。

最后,我们还需在标签上增加时间维度。因为实际应用中一些属性具有时效性,例如,一个学生可能大一是学习困难生,经过努力后大二就不再是学习困难生了，所以我们进行属性计算时需要对属性设置时间维度，从而更好地进行个性化标注，避免场景智能出现时间偏差。

三、智能化

场景智能的能力层采用规则系统和人工智能系统来提供智能能力。规则系统可以视为信息化传统的智能化方法，其能力有限，而人工智能方法的飞速发展为场景智能提供了极好的支持，并且能显著地提升智能化能力。

传统的基于规则的智能化方法，其核心是利用规则体系来体现人类的经验，然后通过不断配置扩充其规则库来体现对各种情况的适应性。传统的基于规则的智能方法具有运算快、结构容易理解、过程容易控制等特点，我们在场景智能框架中纳入了传统方法。基于规则的传统技术非常成熟，我们引入规则引擎、决策表、流程引擎作为核心基础能力，分别用于业务规则组合、业务判断和自动化任务驱动。

人工智能提供智能化的方法，主要是利用机器学习特别是深度学习的相关技术，通过数据构造各种模型用于洞察和决策。由于人工智能技术的应用以数据和模型训练为基础，在基础能力层我们为场景智能设计了模型管理、训练数据处理、模型调度的能力，这些能力都基于智能中枢的基础能力构建，然后基于场景智能需求做了二次包装。并且随着预训练模型技术的成熟，在一些场景中也可以使用预训练模型技术，我们将预训练模型也纳入了基础能力层。

在基础能力之上，从智能化赋能的角度，可以把针对场景的智能化分解为两个主要的能力，一个是洞察能力，另一个是决策能力，这也是人类日常行为中体现智能的主要方面。通过场景、育人、治理视角，校园大脑规划中会不断梳理出场景能力，在建设过程中就可以不断抽取各种场景需求中的智能要求，并且按照框架的要求纳入场景能力层。

(一) 洞察能力

在洞察能力方面，传统的基于规则的方法，主要基于分析统计框架完成给定经验的数据洞察能力。以识别异常不在校的学生为例，我们需要综合校园门禁数据、宿舍进出数据、图书馆数据、上课签到数据、请假数据等所有可能获取的在校数据,然后根据规则形成一个过滤链。将每天的学生数据作为一个数据集流入过滤链,每个过滤环节由若干规则控制,符合规则的学生被过滤掉,所有过滤环节均没有滤掉的就流出了过滤链,这样的学生就是符合要求的学生。在这个例子中,就是异常不在校的个体。

但是通过传统的规则技术来实现数据洞察是远远不够的。一方面,传统的规则需要人总结经验,现实工作中一些场景由多人参与完成,形成确定有效的经验总结比较困难;另一方面,人类现场观察和基于数据驱动,并不能完全等同,加之在有大量数据支持的背景下,人工智能技术还有超越人类观察经验的洞察能力。这种情况下,就非常适合使用人工智能技术来实现数据洞察能力。

人工智能技术在这个方面最佳的技术就是深度学习。多年信息化建设为深度学习提供了良好的数据基础,而且在场景智能推进过程中积累了丰富的过程数据,同样可以利用深度学习技术实现场景智能的持续改进。

为了更好地说明深度学习构造洞察能力,可以以挂科预测为例说明。我们可以简单地将学生的数据进行分类(见表3-1)。

表 3-1　挂科预测分类属性

数据维度	属性	说明
基本信息	高考分数分类	按照学生与生源地录取分数线的差距分为高、一般
	性别	男或者女
	是否党员	是或者否
学业信息	绩点分类	根据专业中相同年级绩点的百分位排序分为上、中、下
	前置课程成绩	和本次计算最相关的两门课程的分数分类,分为优、良、中、及格、不及格
综合素质	素质分分类	根据专业中相同年级素质分的百分位排序分为上、中、下
	是否获得学业奖学金	学工处奖学金评定数据
	是否学科竞赛获奖	教务处认定的学科竞赛
	是否干部任职	学工处的干部任职数据

续 表

数据维度	属性	说明
学习过程	缺课情况	"数智—课堂——学在城院"数据
	作业提交情况	"数智—课堂——学在城院"数据
	学习平台登录情况	"数智—课堂——学在城院"数据
	课件观看情况	"数智—课堂——学在城院"数据

简单地讲,我们通过对学生若干的数据维度利用深度学习方法进行训练,建立预测建模,然后利用预测模型每周对学生特定课程进行预测,通过预测结果生成预警并发送给相关的老师、辅导员。我们观察这个例子,发现即使人们仔细梳理上述的所有数据,也很难给出一个确定的经验规则。例如,我们直觉上会认为素质分高的同学自我驱动力强,那么挂科的可能性会小,但是如何计算是难以确定的。又如,要洞察是否有同学喜好课外活动,素质分很高反而耽误了学业,就可以引入前置课程成绩、绩点排位等要素来综合参考。但是引入更多因素的时候如何分配各自的影响权重,是一个很困难的问题。

在挂科预测这个例子中还可以看到学习过程维度数据的引入。"数智—课堂——学在城院"场景不仅提升了教学场景的交互能力和教学效果,而且通过数据积累,就可以提供教学场景更多智能化的可能性,就可以将学习过程数据也作为深度学习的模型维度参与计算。

从数据及预测思路看,这个场景非常适合使用人工智能来从这些数据中洞察学生挂科的可能性。我们可以利用过去几年的数据用于模型训练和测试,然后将训练好的模型用于当前学期开设课程的预测。挂科预测这个例子向我们展现了人通过数据洞察的困难,而引入人工智能技术后,我们将获得极好的数据洞察能力,并且大大拓展实现各种教育和管理理念的可能性。

(二)决策能力

这里提及的决策能力既可以指自动化决策,也可以指辅助决策,根据实际场景和算法的有效性来决定。

在决策能力方面,传统的基于规则的方法同样有广泛的应用,如场景智能框架应用了决策树和工作流引擎作为传统方法智能的基础。决策树在场景智能应用中的重点是通过脚本技术按照层次组织规则体系,完成对现实经验的抽象,通过中枢智能的数据集成,完成各种决策。工作流引擎作为一种成熟技术,通过引擎来驱动任务链条,并且构造一些自动化任务节点,在流程过程中完成自动化决策。以"爱活动"场景中的场景智能驱动无感化计分为例,在活动结束后将开启一个流程,该流程由一系列的自动任务构成,包括"签退关闭—补签提醒—补签任务—按规则自动赋分—按规则记入失信名单—统计失信次数—按规则记入活动黑名单"。这个任务序列由流程引擎驱动,各个节点依次完成任务并完成自动赋分决策,使用流程引擎不仅可以完成决策自动化,还可以对未来改进提供更改空间。例如,未来如果要取消失信纳入黑名单,通过流程配置直接取消这个任务即可,或者未来想修改纳入黑名单的规则阈值从 2 次改为 3 次,那么只要修改流程引擎中任务的规则值即可。所以流程引擎提供了很多无需修改程序就可以快速调整决策的弹性。

在决策能力构建方面,人工智能方法也可以提供完全不同于基于规则技术的能力。以就业应用为例,这个应用的一个核心要素是学生挑选岗位的决策。传统的就业场景下学生一般会自己在就业网站上寻找岗位,通过阅读岗位要求和自我调研自主决策是否应聘。场景智能下利用历史的就业数据,通过机器学习中的决策树算法,基于构建学生的特性向量训练一个决策树模型,完成对学生的分类。在该场景智能应用中,通过模型对学生进行分类,然后根据学生分类完成岗位的决策推荐并直接进行推送,反之同样可以将匹配的同学推荐给合适的就业基地企业。当然从应用构建的角度,一般决策能力都定位于辅助决策,最后的决策还是会提供给用户自己。大多数人工智能模型都可以提供决策能力构建支持,常用的包括决策树模型、聚类算法、深度学习等。由于人工智能方法严重依赖于数据积累和数据质量,而且会和人类的意图相关,基于人工智能的决策能力构建会比洞察能力更依赖于长期的人机协作和反馈,所以数据积累、持续改进的要求会更高,当然长期收益也更大。

（三）文本理解与交互重构

随着人工智能技术在自然语言方面的飞速发展，特别是预训练大语言模型的广泛应用，其强大的文本理解能力同样可以引入场景智能框架。由于大模型的不可解释性及训练的高成本，我们可以恰当地使用其文本理解能力来重构交互体验。

传统的软件交互模式是构造对应的软件界面，然后用户通过录入、选择、点击页面上的元素来获取所需要的数据或服务。在场景智能中可以基于大语言模型来提供"对话式交互"，不需要打开不同的界面来完成数据查询，可以统一在一个对话窗口中进行自然语言提问，例如，"列出最近成绩不佳的同学""我们班获过竞赛一等奖的同学是谁"等，然后通过大语言模型的语言理解能力，通过数据 API 获取对应的结果，可以大大简化交互。基本思路是通过大模型的语言理解能力，识别语言意图，然后通过组合后台数据 API 完成具体的功能动作。由于大模型的行为难以精确控制，当前我们在场景智能中尝试使用大模型提供部分的"对话式"数据查询能力。

（四）可扩展与持续改进

在场景智能建设和演进过程中，人工智能技术的核心地位，使得我们必须围绕推进人工智能模型的改进提供一些特别的支持，以保持数据扩充、算法改善、用户反馈的良性互动。场景智能框架核心设计了如下一些机制。

场景模型库。以机器学习、深度学习等为代表的技术日新月异，而且模型本身也有不断训练的需求，所以模型需要有良好的管理机制。我们在场景智能框架中将模型视为一个黑盒服务，所以基于基础智能引擎来进行模型的训练、管理，通过场景模型库来管理模型与场景应用的支撑和运行，包括模型定义和管理属性，对模型的使用接口和参数进行标准化，将模型纳入框架管理。

场景模型调度。不同模型本身的运算机制不同，有的模型需要定时触发，有的模型需要实时服务，我们在智能引擎之上丰富场景中模型的使用调度，实现更符合特定场景的模型的启动、停止、调用等生命周期控制可配置化,实现计算资源的优化。

训练数据反馈。不同场景的模型所需积累的反馈数据、训练数据不同,我们利用底层的智能中枢和数据基座,可以通过规则配置,单独收集来自智能场景的过程数据作为训练数据副本或者模型评估数据集,为模型的训练和评估数据集提供积累机制。

除了对人工智能基础能力提供专门的可扩展机制外,针对基于规则的基础能力,我们同样采用了成熟的配套设施来对规则配置、流程引擎配置等一系列的配置文件进行加载和管理,提供可扩展性。

校园大脑作为高校数字治理的核心,无论是管理还是育人,都需要通过应用工具实现,而场景智能作为校园大脑赋能应用的重要组成部分,既可以提供"思考"能力,又可以提供"行动指挥"能力,良好设计的场景智能可以大大提升校园大脑的可用性。

第六节　驾驶舱

一、目的

建设数字驾驶舱的目的是帮助管理者进行预测和规划。例如,通过分析历史数据和数据变化趋势,预测教育教学、校园治理中可能存在的问题,为高校的日常管理、发展和规划提供决策支持等。数字驾驶舱还可以帮助管理者实现分级的数据共享和协作,提高工作效率和协同能力。数字驾驶舱是一种功能强大的数据管理工具,能够帮助高校管理者更好地了解高校的运营状况,预测未来趋势,规划发展方向,实现资源共享和协作,提高高校整体运营效率和管理水平。

二、驾驶舱架构

驾驶舱作为最顶层的数据应用,其架构基于中枢系统之上,为通过中枢系统获取数字基座数据提供了全校数据服务能力。数字驾驶舱是一个复杂系统,它能够通过指标体系和可视化洞察底层数据中的问题,具备高级的数据分析能力、强大的可视化能力、高效的交互能力以及围绕治理要求构造高级的数据分析能力,提供动态清晰的决策支持能力。

驾驶舱从架构上划分为多个层次(见图3-14),分别处理不同的关注点,在从基座向上延伸到驾驶舱的数据应用过程中分别处理数据能力、指标管理及可视化的问题,具备极强的灵活性,从而配合数字治理的演进。驾驶舱构建的另外一个核心问题是如何处理指标构建、数据映射及可视化交互的问题,这需要快速地将数据按照治理的要求形成可视化分析的能力,并且提供相应的互动连接,架构中通过算子、指标映射和业务下达模块来打通这个通道,并且直接连接相应的系统进行任务下达。

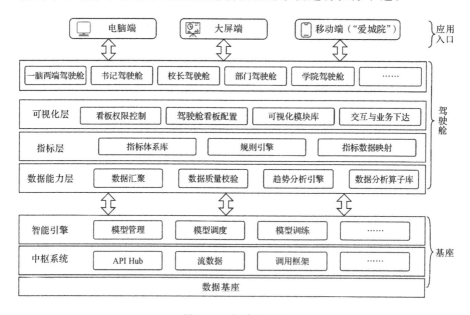

图 3-14　驾驶舱架构

三、驾驶舱的能力层次

我们将驾驶舱的基础能力划分为数据能力层、指标层和可视化层,分别解决不同层次的问题。

(一)数据能力层

主要包括数据汇聚、数据质量校验、趋势分析引擎和数据分析算子库。其中数据汇聚、数据质量校验和数据分析算子库都是基于基座中的数据框架开展设计,通过基座能力增加驾驶舱所需的功能,复用基座的各个能力模块。在驾驶舱中特别增加了趋势分析引擎,指标的趋势分析是数字治理的一个核心方法,无论是对问题的观察、改革的效果还是未来预测,都需要对趋势进行观察,而趋势分析具有极高的数据要求,需要对数据按照时间窗口统计,如按照周、月等,一般业务系统的数据都是按照业务事件记录的,对趋势的时间窗口统计有极大的计算负担,在驾驶舱中专门增加了趋势分析引擎来支持此类分析要求。

(二)指标层

指标层主要解决驾驶舱所呈现的数据需要经过多层汇总,以及需要根据治理要求进行分析透视的问题。该层包括指标体系库、规则引擎和指标数据映射。指标数据映射实现与数据能力层的数据对接;指标体系库用于对数据进行评估和计算,实现数据汇总计算;规则引擎对指标值进行筛选过滤。通过指标层的设计,整个驾驶舱架构实现汇总数据向指标的转换。

(三)可视化层

可视化层解决权限、可视化和交互的问题,通过组合各种视角和交互操作来满足不同管理岗位的需要。可视化模块库包括了各种可视化组件,如常见的图形类组件、筛选组件等。驾驶舱看板配置在可视化模块库的基础上提供拖曳式的驾驶舱看板构建方式,在数据具备的条件下,支持驾驶舱翌日交付能力。权限控制模块处理看板发布的对象控制问题,对数据安全进行控制。交互与业务下达从驾驶舱进行业务连接,实现从驾驶舱的一键下达能力,业务下达机制的工作核心是驾驶舱提供标准的接入定义,各个业务系统提供符合该定义的业务操作接口,实现灵活业务接入。

四、高校数字治理驾驶舱

高校驾驶舱层级可以分为校级和二级单位两级,以校园大脑计算能力为核心,按照师生服务和高校管理并重的数字治理理念,从千人千面、治理有据的角度来设计。整个驾驶舱体系由非常多的驾驶舱构成,如城市学院按照"一脑治校园、两端同赋能"的指导理念构建了全校性的"一脑两端"数字治理驾驶舱、书记校长驾驶舱等校级驾驶舱,以及各种学院驾驶舱、业务部门驾驶舱等二级单位的驾驶舱。

"一脑两端"数字治理驾驶舱(见图3-15):全校性综合性的驾驶舱,以"一脑治校园、两端同赋能"的模式,将全校性的事务进行汇总呈现,实现驾驶舱的统合与下钻,赋能治理端和服务端。

图3-15 "一脑两端"数字治理驾驶舱

该驾驶舱统合了服务端的驾驶舱,其中以"学在城院"为代表的"数智一课堂","学生成长导航"为代表的"二三四课堂",体现了整个校园中人才培养的总体情况。通过点击下钻,可以分别打开不同子主题驾驶舱。比如"学生成长导航"系列的"学生就业"驾驶舱(见图3-16)。

同样"一脑两端"数字治理驾驶舱也统合了以校园管理为核心的管理端驾驶舱,使得管理端的重点工作情况一目了然。比如直接连接师生意

图 3-16　"学生就业"驾驶舱

见的"意见直通车"、重点工作全过程管理的"决策一件事"(见图 3-17)等，极大地提升了部门之间的协作水平和管理效率。

图 3-17　"决策一件事"驾驶舱

在台式办公电脑和大屏展示版本驾驶舱的基础上，针对校领导需要及时查看高校总体情况和决策情况，专门打造了"校级领导移动端驾驶舱"(见图 3-18)，以移动端为主的形式进行呈现，进一步深化各个单位条块数据集中和分类呈现。

驾驶舱体系还包括了二级学院、二级单位领导视角的驾驶舱（见图 3-19），均从架构上保持了从数据到指标、从指标到治理的通路。

图 3-18　校级领导移动端驾驶舱　　图 3-19　二级学院领导移动端驾驶舱

驾驶舱作为数字治理在数据应用上的主要呈现方式，为高校治理提供数据化、在线化、智能化的全新体验，使得各个岗位的决策者实时掌握一手资料、即时数据，并且通过分析、比较做出科学精准的决策和判断。

第四章　校园大脑应用场景

基于校园大脑建设,城市学院围绕数智治理空间、学生培养空间、教师发展空间、科研创新空间和智慧校园空间五大空间,从建场景入手,全面推进学校治理体系和治理能力现代化,并从场景走向全景(见图 4-1),形成了服务导向、内外联通、整体智治的新模式。本章择取其中 13 个具有代表性的应用场景,通过总结提炼城市学院的实践经验,为高校数字化应用场景建设提供范例。

图 4-1　从场景到全景的整体智治

第一节　单场景

案例1　"数智一课堂——学在城院"场景

一、背景

人才培养是高校的根本任务,课堂教学是实现人才培养目标的重要环节。在数字化改革的浪潮下,新技术正在推动课堂教学朝着智能化的方向发展,从学习空间到学习行为,从学习资源到学习生态都在数字信息世界中发生着巨大变革。2020年新冠疫情突如其来,各地高校纷纷通过线上教学方式尽力保障"停课不停学""停课不停教",由此也成为各高校推进课堂教学模式变革的契机。城市学院奋力打造"数智一课堂——学在城院"场景(以下简称"学在城院"场景),通过搭建覆盖全校师生、集"教、学、评、管"于一体的智能化教学平台,将人、物理空间、智能机器、数字信息四元深度融合,推动信息技术全过程嵌入课堂教学各要素,高效配置教学资源,促进数字时代下多元主体共治的教学过程管理,提升学生个性化、精准化学习能力和学习效果,实现优质教育资源共享,有效回应数字时代教与学的变革诉求。

二、问题与需求

数字技术具有互联互通、即时高效、动态共享的特征,数字时代的教育应能让身处不同环境的人都平等地获得教育资源的机会和渠道,实现个性化地学、差异化地教、科学化地评。针对这样的教育目标,显然还存在以下一些问题。

(一)传统教学模式无法适配教学创新需求

第一,传统教学模式教学方法较为单一,大多采用"灌输式"教学方法,不仅难以激发学生的学习兴趣,而且教师的教学效率也较低。因此,为师生提供功能完善、简单易用、数据统一管理的教学平台,提供线上线下一体化教学体验,打造课前—课中—课后教学贯通的全场景,是教师进行教学模式创新的必要技术基础。

第二,传统教学活动只发生在特定的时空,受时空限制,课程教学行为和效应都随着课堂的结束而消失,课堂教学无法留痕,课程资料无法承继。虽然目前各高校或多或少建有一定数量的智慧教室或录播教室,但单一的智慧教室并不能切实带来教学质量的提升,只有将"智慧教室""课程平台""智云课堂"三者有机结合,才可以进一步破除教与学的时空限制,拓展教学模式的创新路径。

第三,传统教学模式无法实现优质教学资源共享,不利于提升高校整体的教学质量。比如,从提升教师教学能力方面来讲,教师对自己的课程进行回顾和审视,教师间的课程观摩、教学设计借鉴,多维度的教师评价功能,教与学的问题发现与分析,等等,都需要借助于一个教学平台来提供数据支撑。

(二)传统学习模式无法满足学生个性化学习需求

第一,教师无法实时掌握和追踪每个学生对课堂讲授内容的接受程度和学习效果,学情分析不够完备,从而无法适时进行教学设计调整和教学干预,并针对学生的学习进度和完成情况,进行有针对性、个性化教学。

第二,受限于选课人数及专业边界,时空的限制让学生难以共享到优质的教学资源,尤其是外专业课程学习的资源,使得学生学习边界难拓展,不利于复合型人才的培养。

(三)传统管理模式无法满足高质量教学服务需求

第一,没有统一的教育资源管理平台,导致现存的教学系统、录播系统数据未能互联互通,形成数据孤岛,对教师使用和教务资源管理造成极大的不便,产生资源传播效率低,师生共享资源困难等诸多问题。

第二,高质量的教学服务需要同时兼顾资源管理、线上教学、课中互动、移动学习和数据分析等各项需求服务,为学生、教师、管理人员等各类角色提供兼顾个性化需要的统一服务,实现各种教与学功能的使用,打造高质量、沉浸式的教学体验。

第三，传统的教学管理手段陈旧，数据呈现碎片化，决策所需的准确的全局数据仍需投入高成本人工方式获取，管理活动的开展亦受制约。如教学督导、基层教学组织的集体听课因受系统与时空限制往往难以高质量广覆盖进行。

三、技术路径与治理方法

(一)技术架构

通过数字技术与教育教学的深度融合，实现教与学全过程、全流程的高效管理。"学在城院"场景的系统架构(见图 4-2)整体上由"端、数、网、云"四大部分加上"教育教学空间"和"现代治理空间"两大空间构成，外围建设运维保障体系和安全保障体系加以辅助。其中"端"是指平台统一门户，面向用户提供一致性体验的集中入口；"数"是指"学在城院"数据能力中心，包括数据治理、数据血缘、数据服务、数据资产、数据汇聚、数据仓库六大模块，负责整个平台的数据处理；"网"是指校园网络环境，它和"云"也就是城院云构成了整个架构的基础资源层；"教育教学空间"的主要任务是打造随时学、随地学的教育教学环境；"现代治理空间"的主要目标是建设集约、服务集聚、数据集中、管理集成。各部分协同构建了从硬件到软件，从服务到治理的完整的数字化的教育教学生态。

(二)打造"智慧教室、智云课堂、课程平台"三位一体平台

"学在城院"场景融"智慧教室、智云课堂、课程平台"三位于一体(见图 4-3)，通过建设智慧教室，构建智能硬件环境，实现直录播、信息感知监测等功能；通过建设智云课堂，利用网络技术及手机终端技术，结合人工智能技术同步实现直录播现场教学场景播放、PPT 同步播放、同声传译、协同笔记、弹幕互动、课程回放等功能；通过覆盖全校师生、集"教、学、评、管"于一体的智能化教学平台，打通课内课外、联通线上线下，教学平台链接智慧教室、手机终端智云课堂，由此人、物理空间、智能机器、数字信息四元深度融合，网络学习空间与实体教学课堂深度融合，形成线上备课—

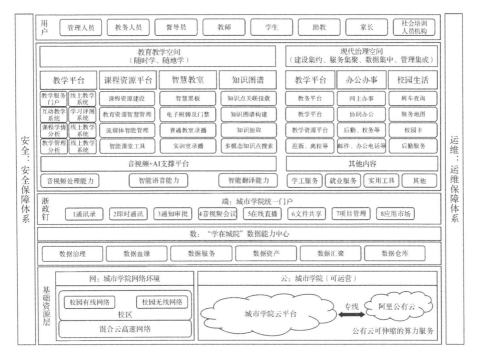

图4-2 "学在城院"场景系统架构

课前预习—课堂教学—复习测试—教学督导—学情分析—迭代改进的一站式闭环教学（见图4-4）。

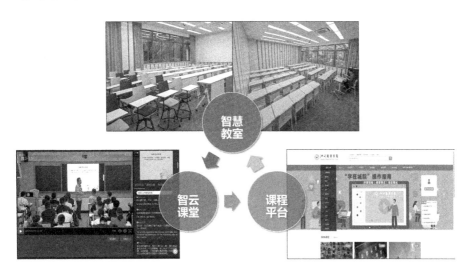

图4-3 三位一体的"学在城院"场景

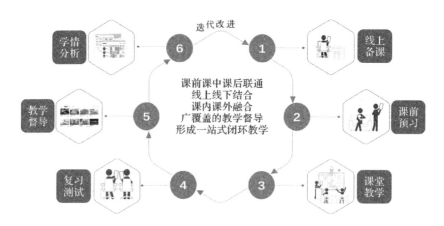

图 4-4　一站式闭环教学

（三）构建"学在城院"驾驶舱

服务端的用户行为数据在治理端的驾驶舱（见图 4-5）上呈现。通过驾驶舱进行全局观测、在线督导、监测教学的动态活力。通过智云课堂可以督导任意课程，通过课程平台各项功能的雷达图可以了解各项功能实时的使用率，通过活跃度排名可以看到各个课堂的在线活力，通过资源总量的雷达图可以了解各课程各类别教学资源数量。以上数据结论可用于教学过程性评估，并作为教学决策的依据。

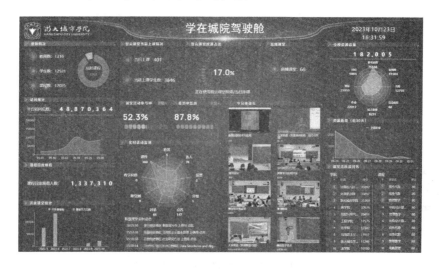

图 4-5　"学在城院"数字驾驶舱

(四)更新教学管理制度

新建线上开课及资源共享制度。所有课程均在线上开课,做到全体授课教师全覆盖使用。制定重点课程开放共享制度,逐步推进在建的课程思政建设项目等优课资源开放共享。

更新课堂管理制度。更新学生选课、请假等课堂管理制度,设立"优课优酬"奖励等课程教学效果评价制度。

四、实施步骤

第一步:精准分析问题。针对目前高校在开展线上线下教学中普遍存在的问题进行精准分析,为"学在城院"场景的构建提供问题导向。

从学生端分析,在学生的学习过程中,课前课中课后不联通。教师在线下教室上课,其教学过程无法留痕、无法长期保留课堂教学情境,学生在学习中,主要靠记笔记复习巩固、总结知识;优质的课堂教学也仅辐射本课程教学班的学生,无法辐射到更广泛的学生群体,甚至是社会群体;在学习过程中学生的考核记录的反馈,无法及时获得,从而也无法进行自我学习进度的调整,进行查漏补缺。

从教师端分析,教学过程、教学活动线上线下不对接。教师在教学过程中的教学管理,有的在线上,有的在线下,有的线上线下都有。课程平台的资料和教学互动往往也是通过不同的平台实施,使用烦琐,使得这些教学过程的实施与管理无法打通,教学过程的情况和分析需要花费很大的精力,很难及时精准地反馈给学生及相关管理人员,做到课堂教学的闭环管理。

从管理端分析,学情分析不完备,教学督导受时空限制。校院两级督导多为线下,以分散形式开展督导听课,由于上课时间、上课地点的固定,不能做到课程督导的广覆盖和全覆盖,督导教学反馈评价也不能做到广泛参与,教学质量监控的方式单一,督导的反馈也限于特定教学群体,相关人员获取信息不便捷,教学质量监控效能需要进一步通过数字赋能来提升。

第二步:联通教学空间。根据问题分析,着力打造"智慧教室、智云课堂、课程平台"三位一体的"学在城院"场景,构筑线上线下联通的教学空间,为改变教师的教、学生的学提供有力的支撑。

智慧教室实现直录播、信息感知检测等功能;智云课堂实现现场教学场景播放、PPT同步播放、同声传译、协同笔记、弹幕互动、课程回放等功能;教学平台链接智慧教室、智云课堂,实现物理空间和网络空间的融合互通,现实和虚拟的融合、时空交叉的融合。

第三步:重塑教学平台。主要包括以下几个方面。

同步智云课堂。将教室的直录播系统与课程平台联通,形成"智云课堂",并打通移动端和钉钉群,线上实时呈现课堂教学,学生可以线上线下同步上课,实现课堂数据的留存,也可通过回放时时处处进行复习巩固,有效提升学习效果。

集成课程平台。构建的课程平台汇集教学资料、教学互动、智云课堂同步视频于一体,包含课程信息、教学文档和资料、作业、测试、讨论、教学互动、学习分析等教学活动和教学过程数据及分析,师生在移动端、网络端都可以进行相应的操作。

导控教学过程。针对平时在线作业、在线测试监管难的问题,开发作业查重功能,促进课程过程性考核的有效实施,提高线上学习效果,推进诚信教育。利用数据工具,教师可以及时获知学生的学习进度,进行纵向、横向的分析对比。通过对作业、测试正确率和完成率的分析,及时跟踪、预警学习困难学生,适时调整教学策略,有效促进教学过程的导控和反馈,使得教学更精准、导控更及时。

实施闭环管理。教师在课前下发预习作业、学生自学,课中老师讲重点,课后学生观看回放复习巩固、师生互动答疑、教师根据平台学习情况数据分析跟踪教学效果,反馈调整教学策略,实现线上线下教学的联通,形成一站式闭环教学。

改革课堂模式。该平台改变了整个课堂的教学模式,教师可开展实施翻转课堂、研讨式、线上线下混合式等多样化的教学模式改革,为学生、老师提供学习、教学的数据化指导,做到数据牵引教学,极大提升了教学效果。

赋能督导监控。通过"学在城院"场景,教学管理人员、督导、学校领导等不同的角色可以很便捷地线上巡课、听课，克服传统线下听课的时空限制，扩大教学质量监控的覆盖面，还可以开展集体听课和教学研讨，促进教师教学能力提升，赋能教师发展。

拓展教学活动。为丰富学校教学活动，拓展一、二课堂，推动"学在城院"场景持续迭代升级，陆续上线了"集体听课""智能巡课""在城院上浙大""在城院听浙音"等功能板块，增强师生的获得感和认同感。

第四步：注重深度应用。"学在城院"场景于 2021 年 9 月上线，截至 2023 年 11 月 9 日，平台访问总量 5070.9 万人次，访客总数 1.8 万人，课程总数超过 6780 课次，实现全校课程和师生全覆盖（见图 4-6）。场景推出以来，共有超过 8.5 万人次的非本教学班学生通过智云课堂收看课程直播和回放，占智云课堂回看总人次的 12.2%，其中从浙江大学聘请名师上的"大学英语Ⅳ"课程，非本教学班学生通过智云课堂查看比例超过 73%；"微积分Ⅰ"课程，非本教学班学生通过智云课堂查看比例超过 64%。同时学生能够通过平台共享到浙江大学、浙江音乐学院等校外优质资源。

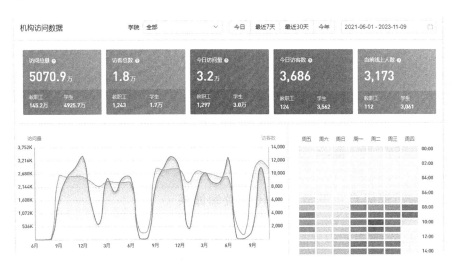

图 4-6 "学在城院"场景应用情况

五、建设成效

"学在城院"场景建设以数字化牵引教与学，改变了整个课堂的教学模式,提高了教学效果,也让教学治理更精准高效。

(一)实现信息技术与教育教学的融合创新

深入探索信息技术与教育教学核心业务深度融合,将现实课堂教学的时间和空间进行拓展,课堂延伸至线上,教学延伸至课后,教学场景实现从课堂向课前—课中—课后教学闭环的转变,通过线上线下混合式教学模式,实现学校教学模式、服务方式的变革与创新(见图4-7)。

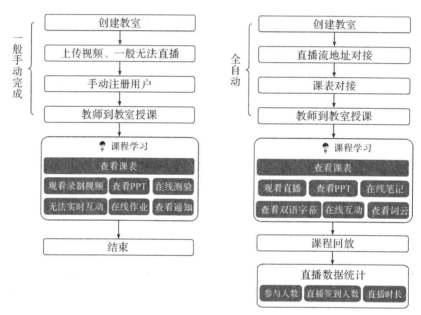

图 4-7 三位一体平台建设前后教学流程对比

(二)形成自由开放的现代化教学体系

构建以学习者为中心的智慧教学平台,建立以学生为主体的教学模式,颠覆传统"灌输""被动"的教学理念,变定时教为随时学,优质课程资源可随时获取共享。据统计,非本教学班的学生通过智云课堂收看课程直播和回放占智云课堂回看总人次的 12.2%,有些优质课程的比例甚至超过 70%。变"要我学"为"我要学",学生可以动态掌握和回顾自己的课堂表现,发现知识盲区和弱区,主动查漏补缺,学习效果有提升。通过对两门量大面广的基础课程进行比较分析发现，"线性代数"不及格率从17％下降到1％，优良率从22％提升到57％；"大学英语Ⅲ"不及格率从24％下降到8％，优良率从51％提升到67％。"学在城院"场景的推出，培养了学生自主、探究、协作多方面的综合能力，强调的是学生长期持续性学习，注重的是教育的自主性、个体性和适配性，形成现代化的教学体系。

（三）打造现代化智慧化管理决策模式

基于资源共建、开放共享的建设理念，一方面，不断积累教学资源，不断完善公共教学资源服务，扩宽师生获取教学资源的渠道，扩大教学资源覆盖范围，深度挖掘教学资源价值。另一方面，通过对平台教学和学习数据进行跟踪，对教学活动中师生的行为数据进行深度分析，可以为学校的管理决策提供有效的数据支撑，规避校园管理的盲区、雷区，提供精准、全面、智能的科学决策依据，辅助管理者把控未来建设发展方向，打造现代化的智慧管理模式，实现学校整体的智慧化运行。

案例 2　"学生安全预警"场景

一、背景

传统的学生行为管理，往往是经验主义、路径依赖式的管理。传统的信息系统存在数据来源单一、行为静态、数据关联模型准确度低等问题。《教育信息化 2.0 行动计划》和《中国教育现代化 2035》共同指出，结合大数据、机器学习等新一代信息技术，融合高校师生普遍需求，构建一个数字化、智能化的智慧校园平台，实现智能教育、智能管理和智能服务，是当前教育信息化发展的必然趋势。随着智慧校园、数字校园的推广，大数据早已进入校园各个角落，学生在学习、生活中无时无刻不在产生数据，每个行为背后都有相应的数据系统在跟踪记录。建设基于学生校园行为大数据分析的安全预警，是智慧校园建设的重要环节。

2020 年起，城市学院通过核心系统的建设及深化应用，实现了校级数据治理。随着一大批应用场景的建立，更多的数据完成集成和对接，学生数字化预警的前提条件不断完善。借助于学生课程成绩、旷课记录、门禁数据、校园卡消费数据等,学校能主动掌握学生校园行为发生的特点和规律,并可据此做出研判和预测,实现学校"前置式"的管理模式创新。

二、问题与需求

对高校而言,如何对学生做出学业安全与人身安全预警是智慧学工的重要体现。当前,高校普遍存在以下问题。

(一)学业安全预警存在滞后性

根据《教育部关于深化本科教育教学改革全面提高人才培养质量的意见》,高校需要"完善学分标准体系,严格学分质量要求,建立学业预警、淘汰机制"。在传统的学业预警机制中,学业预警一般是在每学期初,根据上一学期及以往累计考试不及格课程是否达到预定的预警指标,对学生采取事后警示,由学生所在学院下达学业预警通知书。这种学业预警体系,预警指标单一,预警具有滞后性。当学生触及学业预警时,表明学生已经有较多课程不及格了,客观上已经出现了不良的后果,这样的预警就缺乏及时性。

随着当前高校智慧校园建设的推进,移动互联网、物联网在校园中广泛应用,学生在校的学习、生活行为都被记录下来,形成了学生行为大数据。数字化在教学改革中的深度应用,学生期末成绩、绩点、选课情况、目标达成度等方面也生成了数据。因此,亟须利用机器学习算法建立预测模型,进而根据学生的日常行为,预测学业情况,对可能发生学业困难的学生,及时发出学业预警,提醒学生及早采取措施,对学生进行精准帮扶。

(二)人身安全预警缺乏"数防"手段

学生的人身安全是高校学生工作的底线。以往在开展安全管理工作的时候,通常只是采用加强安全设施、定期进行安全检查、开展安全宣传教育等物防、人防方式,在归纳总结的过程中通常进行定性分析,或者在安全事故发生后进行事后分析,导致高校安全管理工作的开展十分被动。如果能利用校园内的大数据,提前发现隐藏的安全风险,及时提醒相关部门、负责老师介入并处置,则可以实现群体学生的主动管理、精准识别和提前化解,让危机事件有迹可循,有据可依,将安全管理工作由被动转变为主动。这些基于"数防"的安全预警措施,可以让高校对学生的人身安全多一份安心。

(三)预警信息处置未形成闭环管理

根据学生工作相关要求,在发生预警情况后,相关职能部门及负责人须及时做出处置。在没有技术支撑的情况下,对预警的处置缺乏关于完成度和时效性的提醒,难以形成管理上的闭环。在实际工作中,也时常会发生预警处置完毕后,未记录工作台账的问题。如果能依靠数字化工具,将预警提醒、预警处置、台账记录置于整个安全预警的治理流程中,将有效提升管理效能,从而真正将对预警学生的帮扶落实落细。

三、技术路径与治理方法

(一)技术架构

"学生安全预警"场景对原有的预警流程进行重塑。通过集成城市学院现有业务系统模块,采取 API、数据库同步、文件导入等多种形式采集学生数据。设计预警规则,对非常规的数据做信息赋值,形成相应的预警应用,进行实时监控与预警。预警应用通过消息队列,完成预警日志记录,预警信息存储至数据库中,提供高性能的统计计算服务。在预警管理、学生画像、预警消息、预警统计看板等模块显示预警信息,在必要时发送消息提醒预警对象和处置老师(见图 4-8)。与预警事件线下处置流程(见图 4-9)相比,"学生安全预警"场景可更高效准确地生成预警信息,大幅缩短了从"预警事件发生"到"发现问题"的时间。此外,设置了预警信息处置及台账记录的流程,起到提醒处置、方便记录的作用,为后续关心关注提供历史记录的参考。

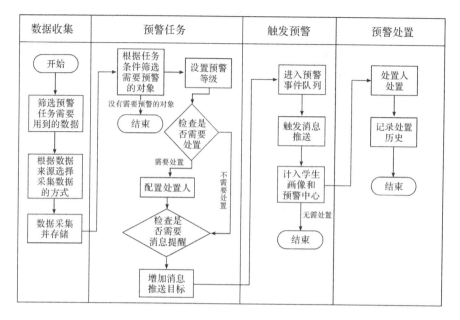

图 4-8 预警信息存储

图 4-9 预警事件线下处置流程

(二)治理架构

安全预警的治理架构由以下三个模块组成。

1.智能预警模块

根据预警需求和数据特点,设计指标体系,对数据进行分析与挖掘。配置预警规则,如阈值、阈值变化率等。智能预警模块根据不同的预警规则,触发特定的预警类型和级别,预警对象可以为学生、行政班、学院等。

预警触发规则包括学业预警规则(见表 4-1)与安全预警规则(见表4-2)。

表 4-1　学业预警具体规则

预警类别	预警标题	预警内容	预警逻辑
期末成绩预警	××学年第一学期的不及格必修课总学分超过 4 学分	课程名 1(3 学分),成绩:(不合格);课程名 2(2 学分),成绩:(不合格);最终以教务系统为准	最近一个学期的必修课不及格学分大于 4 学分
绩点预警	平均学分绩点低于 2.5	平均学分绩点为××(四舍五入后),实际绩点低于 2.5,最终以教务系统为准	拿学生的平均学分绩点直接比较是否低于 2.5(仅发本科生的)
选课学分不足预警	××学年第一学期的选课学分不足 14 学分	1. 部分未选时,罗列已选信息,具体请关注选课情况:课程名 1(3 学分);课程名 2(2 学分) 2. 没有选择任何课程:你暂未选择任何课程,具体请关注选课情况	拿到用户选课记录,若总学分低于 120 学分,且特定学年学期的选课课程学分总数低于 14 学分
课程应选未选预警	××学年第一学期存在应选未选的课程	具体请关注选课情况:课程名 1(课程号 1);课程名 2(课程号 2)	读取一学期结束以后学生的成绩单和学生的培养计划以及选课数据,与开课数据进行比较:不及格+必修课+本学期有课,但未选;当前学期存在培养计划内的必修课+本学期有课,但未选
成绩下滑预警	××学年第一学期学业成绩专业排名下降 20%	上学期学业成绩专业排名为××,当前学期学业成绩专业排名为××	读取近两个学期平均学分绩点,得出专业排名,进行比较
发展预警	学生所在专业年级范围内特定指标排名处于后百分之××	你的排名处于后百分之××,请继续加油提升	学生所在专业年级范围内的特定指标的排名处于后百分之××(可自定义)

表 4-2　安全预警具体规则

预警类别	预警标题	预警内容	预警逻辑
不在校预警	超过 24 小时不在学校	该学生××××年××月××日超过 24 小时不在学校	超过 24 小时不在学校
深夜外出及晚归预警	深夜外出/晚归	该学生××××年××月××日深夜外出/晚归	晚 11:30 后出门的学生判定为深夜外出,晚 11:30 后回寝的学生为晚归学生

预警触发手段:根据实际需求,配置预警策略,如阈值预警、周期预警等。支持灵活地触发预警方式,提供管理员手动触发预警、定时触发预警和感知触发预警三种方式。

预警触发范围:支持管理员对各预警类别、预警级别下的预警推送对象的设置,支持学院、专业、年级、行政班等不同范围的预警精准触发。

2. 预警处置模块

在处置人接收到预警通知后,需要及时进行预警处置。预警处置包括分析预警原因、采取相应措施、优化预警策略等,支持班主任和辅导员在移动端和电脑端进行预警处置。

预警处置方式:支持设置预警的处置方式,包括是否需要处置,提供单人处置、多人同时处置、预警多级别处置等功能,并且提供预警转派处置能力。

预警处置记录:支持班主任、辅导员对预警信息处置情况的记录功能,并将预警处置记录发往不同模块,如辅导员工作日志,记录教师工作情况。针对需要多人同时处置的预警,能够查看他人处置信息。

3. 预警信息查看模块

支持双平台、多角色、多维度、多视角查看预警信息。支持校级、院级管理员在预警信息管理模块查询所管学院下的被预警的学生名单,支持通过预警类型、预警级别、预警事件、处理状态和预警对象等多个查询纬度分类统计和计算,输出各个对象的安全风险指数等指标。

班主任、辅导员可在电脑端和移动端查看所管行政班学生的预警待办信息。班主任、辅导员、管理员亦可通过学生画像,查看学生的预警信息，使教师指导更有针对性。

支持管理员通过看板形式查看学院预警信息（见图 4-10），对选课预警、必修课不及格学分预警、关注学生预警、缺课预警等信息进行统计分析。

图 4-10　学院预警信息

"学生安全预警"场景实现了从预警指标体系设计、预警规则配置到预警触发、预警信息处置与跟进，再到预警信息的显示和查看的闭环管理模式（见图 4-11）。

四、实施步骤

第一步：夯实基础。2020 年起，随着城市学院信息化建设不断推进，完成了"学在城院"场景及"爱活动""学生请假"等一系列学生管理服务相关的场景建设，并围绕学生综合测评及学生发展情况，建成了学生发展模型体系。学校公共数据协同平台建立后，采集到的学生相关数据日益丰富，为引导学生发展、赋能学工服务管理夯实了基础。

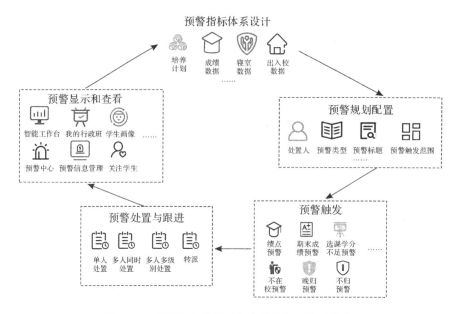

图 4-11 预警信息的显示和查看的闭环管理模式

第二步:问题提出。2021 年底,为提升学生工作业务的数字治理水平,实现场景工具与平台数据的集成与协作,学校立项"学生事务智能工作平台"。基于更好地关注学生学业发展、人身安全,打造全员育人协作体系的迫切需求,"学生安全预警"场景被列入该平台的重点建设场景之一。

第三步:确定建设方案。城市学院学生工作部牵头,多次召开学生工作数字化交流座谈会,会同教务处、信息中心、心理中心等部门,邀请二级学院党委副书记、辅导员,对学业预警、人身安全预警的指标进行商讨确定,同时根据业务相关性,进行预警流程梳理和再造,确定了建设方案。

第四步:场景启动实施。2022 年 9 月,"学生安全预警"场景启动实施。首先,完成对学校各系统产生的学生行为数据的对接、清洗与分析,并对学生异常行为进行分析并建模;其次,明确技术路线与治理手段,构建技术构架图、治理架构图;最后,选择两个学院作为试点,在得到试点学院肯定后,开始推广到全校正式使用。

五、建设成效

(一)避免了学业安全预警的滞后性

改革传统的"事后处理型"管理为"事前事中预防型"管理,实现由被动响应到提前干预的转变,对存在毕业危机的学生进行前置预警,增加了对学生学业发展早期、中期的介入和适当干预。2022年2月至2023年9月底,"学生安全预警"场景生成绩点预警4205条、期末成绩预警1947条、应选未选预警1830条,及时对偏离学习常态的学生做学业预警处理,实现精准有效的帮扶。

(二)建立了人身安全"数字防火墙"

人身安全预警在物防、人防外,增加了"数防"措施。通过大数据挖掘技术,了解学生在校轨迹,在第一时间做出预警,为突发事件应急处理提供了高效可靠的技术支持。2023年9月上线当月,"学生安全预警"场景已生成不在校预警8244条,深夜外出预警427条,晚归预警2073条,赋予了"底数清、风险清、动态清"的感知学生安全风险能力。

(三)实现了学生"全周期全链条"帮扶

如果没有机制体制做保障,只谈预警,是没有任何实质意义的。在收到预警信息后,辅导员或班主任需要对产生的预警信息进行处置并反馈,并在日常工作中对学生进行帮扶,做到"事事有回音,件件有回复",实现精准闭环管理。此外,处置的内容记入工作日志,直接以数据化的形式呈现,同时计入学生个人画像信息、关注学生预警信息。班主任、辅导员等相关老师均可看到学生在大学生涯中相关预警信息及处置情况,有助于增进对学生的了解和关注,实现全员育人。

案例 3 "一城搜索"场景

一、背景

数字环境下,文献数字化带来数字化阅读普及。2021 年以前,城市学院支持教学和科研的数据库有七个,如中国知网学术期刊库、网上报告厅、职业全能培训库等。教师通过虚拟专用网络(VPN)共享浙江大学图书馆数字文献资源获取更多的学术文献资源。但在使用过程中,由于数据库商(尤其是国外数据库商)采用各种技术手段对浙江大学的附属单位使用其资源加以限制,共享浙江大学资源日益困难。随着学术数字文献资源在师生教学和科研过程中的需求日益增长,以提升个人素养为主的数据库已无法满足教学和科研对学术资源的需求。

为支撑城市学院学科专业建设和人才培养,满足师生在学习、教学和科研过程中对数字文献资源的需求,城市学院以"建成数字化管理的智慧图书馆"为目标,大幅度增加数字文献建设的投入,构建科学合理的数字文献资源保障体系。2021 年至 2023 年共计投入 3635 万元进行数字文献资源建设。截至 2023 年 9 月,城市学院重点建设了覆盖学校学科专业的 72 个国内外优秀文献数据库,其中含电子图书 204.29 万册,电子期刊 181.3 万册,电子学位论文 1195 万篇。除了大规模建设数字文献资源外,城市学院还积极拓宽文献共享途径,加入高校图书馆馆际联盟,如大学数字图书馆国际合作计划(China Academic Digital Associative Library,CADAL),城市学院师生可共享平台上的 273 万篇数字文献。

二、问题与需求

图书馆在文献资源数字化服务过程中,受检索能力、访问限制、时间成本影响,爆炸式增长的数字文献资源与师生的个性化文献搜索需求矛盾凸显,主要表现在以下几个方面。

(一)文献服务模式难以助力师生文献发现

2021 年后,图书馆数字文献资源急剧增长,在海量的数字资源中,由于结构、分布和访问方式等方面的差异,师生们在查询和使用上会产生不同程度的困惑。图书馆通过官方微信公众号、门户网站、数字资源利用讲座等,向师生宣传、推广和普及数字文献资源,以提升数字文献资源利用率。其中分层式数字资源利用讲座较受师生欢迎,宣传和推广效果明显。统计数据显示,师生对数字文献资源查询需求非常迫切。而数字文献资源的查询有较高操作要求,大量的文献淹没在浩瀚的信息海洋中,难以出现在师生学习、教学和科研的过程中,导致数字文献资源利用率难以提高。

(二)网络控制访问难以提升师生服务体验

授权网际互联协议(IP)范围内网络控制访问是数字文献出版商保护知识产权的常规方法,城市学院师生需要在校内 IP 范围内,通过互联网访问数字文献资源网站,才能进行查询、阅读和下载。这种服务方式从时间和空间上限制了数字文献的利用,与图书资源泛在服务理念相违背。为打破时空限制,学校开通了数字资源专用 VPN,师生在校外可通过登录 VPN,转换网络环境去使用数字文献资源,但使用中需要下载 VPN 软件、修改代理服务器地址、升级插件等,这些技术性操作对师生要求较高,而且资源网站访问不稳定,除了图书馆的设备与技术维护成本高,师生也难以获得较好的服务体验。

(三)多库文献查询难以节约师生时间成本

师生对文献需求呈现数字化、个性化、多样化需求,除了图书、期刊、学位论文、会议论文以外,还有专利、标准、科技报告等。不同学科、不同类型的数字化文献有些集中在如中国知网学术期刊库、万方数据知识服务平台等综合数据库中,有些分散在如北大法宝、中国数字方志库等专业库里。每一个数据库都有一个访问入口,教师做课题研究进行文献检索时,一方面,需要频繁地进入不同的资源库访问入口,进行多次反复的检索,占用了较多的科研时间;另一方面,各数据库不仅输出海量资源,而且存在大量的重复信息,教师常常陷入文献查全和查准两难的困境。

综上所述,学校在文献资源建设上投入了大量的经费,但如何提升文献资源访问便捷性,提高利用率,减少师生获取文献资源的时间成本,是学校图书馆开展高质量学术服务面临的痛点问题。

三、技术路径与治理方法

从技术角度看,要引入适用技术建设系统,汇集打通更新数据,实现标准化,流程上要坚持需求导向,完成师生视角下的"一件事",实现"闭环"。从治理角度看,要明确治理目标,即快速链接师生与文献,节约搜索成本,实现"直达",场景应在移动端和电脑端打造统一的便捷入口,能够持续优化迭代,实现"生长"。

(一)依托新型技术,创新数字文献资源服务新路径

内网访问控制系统(WebVPN)技术是内网应用外网访问的新型技术。2019年,城市学院在WebVPN技术基础上进行适应图书馆管理和服务需求的开发,创新WebVPN——全链路数字资源服务平台,师生使用数字资源流程化繁为简,只需在浏览器上输入地址,通过学校身份认证登录,就能在校外访问数字文献资源,不再受时间、空间和技术约束。

(二)汇聚数据集合,建立文献资源标准化规范体系

全链路数字资源服务平台将海量文献资源汇聚在一个资源池里,如果没有一个标准化的规范体系,师生用户查询文献时好比大海捞针。这些数据由于各系统建设数据编码方式、数据格式及标准特征无法统一,形成了大量的异构数据。"一城搜索"场景是嵌入全链路数字资源服务平台的学术搜索引擎,通过抽取、收割、导入、映射等技术手段对平台异构数据进行预收集,通过归并和映射到标准表达式,经预聚合形成的统一元数据索引,建立标准化的规范数据体系,通过单一但功能强大的搜索引擎向师生提供统一检索和服务的系统。

(三)持续更新迭代,加载文献资源多样化服务

"一城搜索"场景收割的数据有书刊MARC元数据、浙江大学图书馆馆藏数据、大学数据图书馆元数据、新华书店芸台购数据等。其目标是向

师生提供全方位的、快速的、精准的文献定位及全文获取，这也是"一城搜索"场景的服务核心。不同于其他的学术搜索引擎，"一城搜索"场景是一个不停生长的系统，馆员在向师生服务的过程中，将师生的需求在平台上持续进行叠加开发。截至 2023 年 9 月，共计更新与优化了 42 次（版本），将图书馆各业务系统功能进行重组与优化。通过链接学校自建数据库、外部共享数据库、开放获取资源，集成在线全文下载、人工智能文献传递、"你选书我买单"等服务，提供一秒响应、一次认证、一站检索的良好体验。

四、实施步骤

"一城搜索"场景是与全链路数字资源服务平台相生相伴的，旨在解决海量资源与资源发现之间的矛盾。

第一步：问题提出与调研。2021 年 9 月，图书馆确立了建设学校数字文献资源保障体系的目标。海量资源建设与资源发现需要开发学术搜索引擎，为师生数字文献资源查询服务。2021 年 10 月至 12 月，开展学术搜索引擎调研。

第二步：评估项目需求与预研。结合资源发现系统类型调研和城市学院资源特征，评估和确定项目开发需求。2021 年 3 月至 6 月，进行系统预研，包含检索 DEMO 系统、"我的图书馆"DMEO 系统。

第三步：确立项目与建设方案。2021 年 7 月至 9 月，明确学术引擎设计需求，确定开发技术路径（见图 4-12），正式开展研发，包括确定系统设计、UI 设计、UI 设计原型、系统设计说明书；系统和源代码；功能测试／效果测试，形成测试报告；等等。

第四步：加载第三方资源。2021 年 9 月至 12 月，实现城市学院图书馆资源与浙江大学图书馆纸本馆藏一站式发现；2022 年 1 月，实现与CADAL 资源一站式发现；2022 年 2 月正式上线，投入使用。

第五步：接入图书馆其他功能应用。2022 年 6 月至 7 月，集成"一城荐书"平台，实现无纸本资源，可跳转"你选书我买单"图书借购服务；2022年 8 月至 10 月，集成 AI 文献传递，以"爱城院"消息实时推送文献传递信息，提升师生使用体验；2023 年，接入"中国工程科技研究机构与专家库"相关发现。

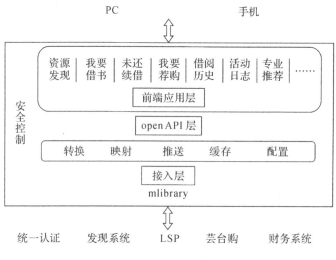

图 4-12 "一城搜索"场景技术路径

五、建设成效

(一)"一秒"响应,快速助力师生文献发现

打破时间限制,对不能直接获取的文献资源,嵌入人工智能机器人,实现 7×24 小时不间断需求识别和自动响应。

(二)"一次"认证,不受网络控制随心访问

打破空间限制,不再受限于数据库商 IP 访问模式,广大师生凭学校统一身份"一次"认证,在校内外无障碍检索图书馆文献信息资源。

(三)"一站"检索,摆脱多库查询困扰

打破库与库之间的壁垒。师生在"一城搜索"场景的一个入口、一个界面、一次检索,从海量文献资源中以最快速度、最简方法和最大精度地跨库检索到有价值的资源,并实现直接浏览和下载,检索结果的同时揭示浙江大学纸质馆藏信息和 CADAL 电子文献,极大地节约师生获取文献信息资源的时间。

(四)资源利用

从利用效果上看,"一城搜索"场景于 2022 年 2 月投入使用后,提高了数字资源利用率。统计 2021 年至 2023 年 11 月 30 日数字资源利用情况,资源访问量呈下降趋势,而文献下载量快速增长,2021 年为 28.5 万篇,2022 年为 55.2 万篇,增长近 1 倍,截至 2023 年 11 月 30 日下载量为 209 万篇,相比 2022 年增长接近 3 倍。数据统计说明,师生通过"一城搜索"场景检索数字资源时,可以用更少的访问次数获得更多的有用文献,并进行下载(见图 4-13)。"一城搜索"场景给出的检索结果更符合读者需求。

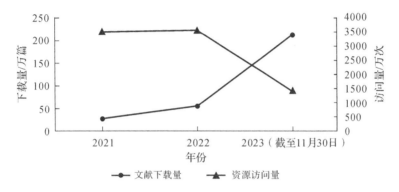

图 4-13　图书馆数字资源利用情况统计(2021—2023)

案例 4　"畅行校园——一码通"场景

一、背景

随着新技术的飞速发展,移动支付、人脸识别已经融入日常生活。新冠疫情之后的校园开放,对各个高校来说是一个新的挑战,如何利用数字化手段,在做好服务师生、服务社会的同时做好校园安全管理,成为高校关注的焦点。

城市学院在新冠疫情期间,为做好校门管理,先后推出"校园通行码""五码合一"场景。随着后疫情时代的到来,原有的管控方式已经不再适用。为了进一步增强校园安全管理,提升师生体验感和幸福感,学校以数据集中、信息整合、业务贯通和统一服务为核心理念，通过数字化手段赋能校园管理与服务，为师生学习、生活带来更加稳定高效的信息化体验，助力学校智慧校园建设提质提速，搭建了城市学院"畅行校园———一码通"（以下简称"一码通"）场景。

二、问题与需求

城市学院"一码通"场景上线前，师生进出校园，需出示"通行码"；食堂用餐、超市消费等，需打开"付款码"；图书馆借书，需使用校园卡。由此带来以下一些问题。

首先，不同生活场景要出示不同的码，既麻烦又低效。校园生活中，不同场景需要出示不同的码，甚至是需要使用实体卡，增加了操作步骤和时间成本，造成了不便。

其次，对不同场景的数据统计，既烦琐又费时。师生校门通行、校友校门通行、访客校门通行及校园消费、图书借阅等数据统计工作量比较大，有些甚至需要人工线下统计。

最后，校园内人员类型多样，无法一网统管。针对不同人员类型，管理人员需要在不同的管理端进行数据管理，甚至有些是线下数据，容易遗漏和丢失。尤其是像校内保安、保洁、厨师等常驻人员涉及学校范围较广，人员信息若不能及时掌握，对校园治理来说将埋下"不定时"隐患。

针对上述问题，学校按照"一键直达"理念，对"爱城院"上的"付款码"和"通行码"进行整合，升级为"一码通"，集消费支付、校门通行、图书借阅等多个功能于一体，解决了全校师生在校园消费和服务方面的统一管理问题，真正实现了校园多场景"一码通用"。

三、技术路径与治理方法

城市学院"一码通"场景坚持目标导向、效果导向和需求导向，通过"流程再造，一码通办；管理变革，一网统管"的数字化手段，进一步实现校园生活便利化，真正实现一码在手，校园畅游。

（一）流程再造，一码通办

"一码通"场景上线前，师生校园生活中，不同场景需出示不同的码，不同场景数据信息互不连通（见图4-14）。"一码通"依托校园公共数据协同平台，打通数据壁垒，实现不同场景下数据互通共享。同时基于校园一卡通系统，通过人员权限访问管理模型，对不同人员（教职工、学生、校友、访客、常驻人员）身份信息进行权限鉴别，并将不同场景下需要的"通行码""付款码""访客码""借阅码"等信息通过不同的加密手段整合升级为"一码通"二维码（见图4-15）。该二维码完成了从"分场景"到"分身份"的转变，实现了"一人多码"到"一人一码"的统一，即不同身份人员在不同场景只需使用"一码通"即可进出校园、餐饮消费、借阅图书等，实现一码通用，一码通行。

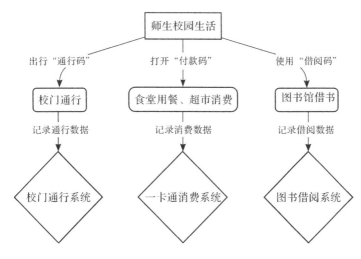

图 4-14　"一码通"改造前流程

（二）管理变革，一网统管

"一码通"依托校园公共数据协同平台获取不同人员不同权限的数据信息，对不同场景的数据进行整合、分析，集中到一卡通系统后台统一管理，实现由传统线下人员管控中分散的、遗漏的管理模式向数字化的管理模式转变，尤其在解决以往常驻人员信息靠各单位、各部门线下统计汇总

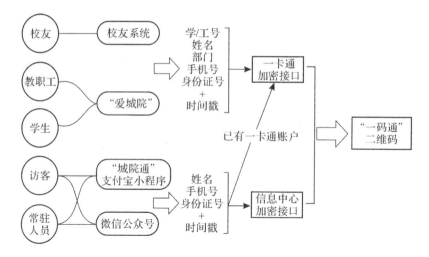

图 4-15 "一码通"改造后流程

费时又费力的问题上发挥了重要作用。"一码通"的管理变革实施中也催生了学校多项应用的重塑,如上线支付宝"城院通"小程序、常驻人员登记系统等应用,优化移动端数字门户"爱城院",在首页开放"一码通"入口,校内师生打开"爱城院"一码通,即可实现无卡操作,校内一码通用。

四、实施步骤

第一步:创建一个统一的身份认证系统,将学生、教职员工的信息进行统一管理,并生成唯一的身份标识码。

第二步:完成数据接口对接,将各类别人员的信息管理系统、各个场景的数据系统(校门通行系统、食堂支付系统、图书馆借阅系统等)通过接口对接到校园公共数据协同平台,实现数据的共享和交互。

第三步:为每个应用场景的操作对象进行身份核验和权限鉴别,并在移动端应用中通过唯一的身份标识码生成不同场景下统一的二维码,确保该二维码可以被扫描进行身份核验和权限鉴别。同时,各个场景的扫码设备需要能够识别并验证该二维码。

五、建设成效

城市学院"一码通"场景依托校园公共数据协同平台,打通了校园一卡通、消费支付、图书借阅、门禁通行等多个实用场景的数据,实现了信息技术与校园数据的深度融合。"一码通"整合升级后上线于移动端"爱城院"首页头版,师生在校门通行、校园消费支付、图书借阅等校园生活场景只需打开"一码通"即可轻松畅享,真正实现了校园多场景"一码通用"。

(一)师生通行效率得到提升

"一码通"自 2023 年 8 月 19 日上线以来运行稳定,"亮码"次数大幅减少的同时校门通行效率也得到了提升。截至 2023 年 11 月已服务师生数达 10 万余人次,因其为师生生活带来了更便捷智慧的数字校园体验,受到了全校师生的一致赞扬。当前数字化浪潮席卷各大高校,以数字化思维、技术手段破解当前高校发展中遇到的难题,已是大势所趋。这种变化虽表现在细枝末节的学习生活中,却终将带来前所未有的蜕变与创新。

(二)服务管理效能得以提升

"一码通"通过校园公共数据协同平台,对不同场景的数据进行整合和分析,集成于统一的平台,打破了不同场景系统、人员信息系统之间的界限,促进了信息的互通共享,让数据统计更灵活便捷。截至 2023 年 11 月,全校使用"一码通"校园消费 289683 次,进出大门 113814 次。

(三)精细化管理水平得以提高

"一码通"的统一管理平台有效解决了不同人员类型需要多端管理的问题,尤其在常驻人员的精准化管理上,减少了教职工线下收集信息、申请常驻人员通行的烦琐工作,节省了管理人员的审批时间和精力,学校各部门常驻人员的网格式管理初见成效。后台数据显示,2023 年 8 月上线至 2023 年 11 月,常驻人员已登记 3700 余人,人员信息来源、工作单位、驻校部门归属等可查询、可溯源,对校园安全的有效治理也有一定的助推作用。

案例 5 "停车早知道"场景

一、背景

城市学院随着各项事业的快速发展,人才引进及教职工数量不断增多,教职工车辆数量明显增加。同时,随着开放办学的进一步深入,对外交流活动日益频繁,进入校园的社会车辆数量也明显增多。学校自 1999 年办学以来,校园分期建设过程中没有考虑停车资源的整体规划,地下车库和路面停车场不足。随着进入校内的车辆越来越多,停车问题逐渐成为校园交通管理的重要难题。截至 2023 年 12 月,登记的教职工、学生、后勤及访客车辆共 3270 余辆,校园机动车停车位设 1390 个,高峰时段车位数量已满足不了教职工的停车需求。尤其是北校区文理科楼区域,是教职工主要办公所在地,由于地理环境、道路规划、停车设施等因素的限制,停车资源的供需矛盾尤为突出。

二、问题与需求

停车问题出现已久,其治理有两个关键:一个是停车位供需关系的动态调节;另一个是停车规则的执行和遵守。在高校停车难困境中,主要表现为以下两种现象。

第一,找位停车耗时长。学校楼宇区域道路分支较多,很多车位依道路而划,缺少集中的停车场,在没有指示信息的情况下寻找车位较为困难,在找车位的过程中会出现"兜圈子"现象,浪费时间。

第二,违停现象时有发生。部分楼宇区域在上课时段人员较为集中,办公和上课的老师较多,但因停车位资源分布不均衡,就近的车位数量满足不了停车需求,会存在部分教职工急于上课而选择违规停车的问题。

针对上述问题,学校一方面想方设法拓展更多停车资源,按照"能划尽划"的原则,增补停车位;另一方面坚持数字赋能校园安全治理与服务师生相结合,借鉴社会上智慧停车管理经验,决定建设校园智慧停车引导系统——"停车早知道",并将此项目设为"关爱教职工实事项目",通过解决"关键小事",让师生的校园生活感受更舒心。

三、技术路径与治理方法

(一)技术路径

该场景由感知层、平台层、应用层三层体系构建(见图 4-16)。具体功能如下。

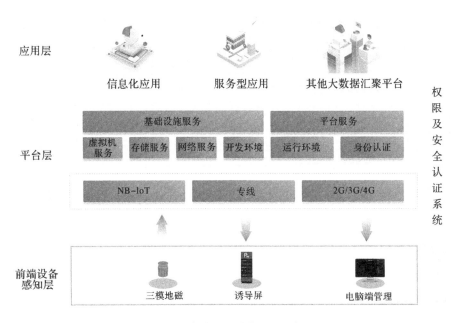

图 4-16 "停车早知道"场景技术架构

感知层:主要负责数据采集、处理和传输。作为系统的底层,感知层可以感知系统外部环境中各种信息,并将这些信息传递到上层进行处理。感知层主要完成数据采集的功能,负责实时采集各个停车场数据,汇总到平台数据库集群,提供标准化的接口规范,由各停车场按规范上传车位状态数据、实时空位数变化等。

平台层:主要负责业务逻辑处理和数据存储。作为系统的中间层,可以将底层感知到的数据进行整合、处理和分析,并向上层提供服务接口,同时也可以将数据存储到数据库等持久化存储设备中。平台层一是要具备数据监管的功能,完成检测各停车场的数据上传状态,判断是否上传异常,是否有停车场掉线,上传数据质量,连接稳定性等,保障上传数据的实时性和有效性。二是要具备大数据实时汇总的能力,根据感知层收集的实时大数据,形成不同颗粒度的停车综合数据,为信息发布系统提供数据服务。

应用层:主要负责处理来自用户界面、网络接口等底层组件的请求,并调用其他更低层次的服务,以完成用户所需的操作。应用层的核心服务就是信息发布。在感知层的支持下,先由平台层汇总各区域的车场情况,再由应用层向引导屏提供实时的信息发布。移动端提供车场信息查询,包括车场名称、位置、总泊位数、当前空位数、管制车位等信息。

(二)治理方法

第一,摸清家底,搞清停车位底数。由于车位的分布极不均衡,没有信息化的手段,停车位资源底数就很难掌握清晰,从而影响科学决策,给交通管理带来一定的难度。

第二,技术赋能,通过信息技术手段提升管理效能。利用停车引导系统将地磁检测到的车位数据,整合处理后,通过网络下发至校园各路口的车位信息引导屏,引导车主停车。车主也可使用移动端应用查询车位信息,直观地在地图上看到空闲车位位置,精准找到车位(见图 4-17)。

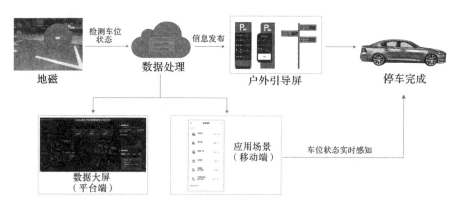

图 4-17 "停车早知道"治理

四、实施步骤

第一步：需求分析，方案设计。倾听教职工关于停车方面的需求，了解他们的期望与建议。根据需求开展调研，借鉴社会上智慧停车管理经验，初步完成校园智慧停车引导方案设计。

第二步：征求意见，优化方案。在摸清校园车位的基础上，根据校园实际情况，确定初步方案，然后向师生公开征求意见，进一步优化建设方案。

第三步：施工建设，数据对接。施工建设过程中，相关部门积极协调，解决遇到的问题，确保项目按时完成。系统完成建设后，与学校钉钉端及车闸系统进行数据对接，开发移动端应用场景。

五、建设成效

"停车早知道"场景破解了教职工盲目寻找停车位的难题，使教职工能够实时掌握车位信息，对停车过程感受更舒心，有力提升了服务效能。

如图 4-18 所示，建设前，教职工凭经验前往目的地附近寻找车位，如果就近车位停满后，只能再往远处寻找，或者会为了赶时间在附近违章停车。这样一方面会浪费很多时间，另一方面违停导致贴告知单，影响"平安单位"考核得分。

建设后，教职工一方面可通过移动端应用场景，精准了解目的地附近车位的使用状态，快速找到空闲车位的具体位置；另一方面通过道路口的车位信息引导屏可快速找到离目的地较近的停车位，不走回头路，这样就节省了停车时间，也减少了违章停车的行为，平均找车位时间从原来的10—15 分钟缩短至 1—5 分钟。

（一）通过移动端"停车早知道"提前掌握车位信息

"停车早知道"场景集成于"爱城院"中（见图 4-19），向教职工提供校园内主要停车区域的车位分布情况、空闲状态、管制信息等。教职工一触即达，可实时了解校园停车位信息。

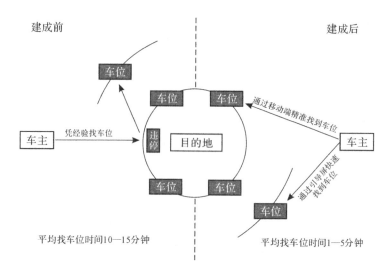

图 4-18　场景建设前后找车位情况对比

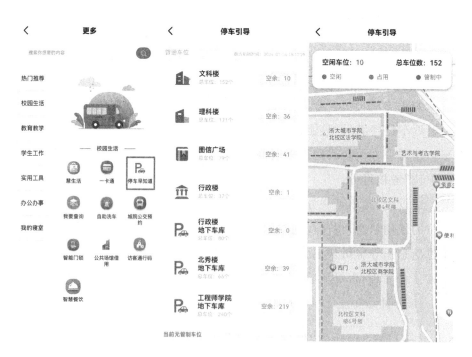

图 4-19　"爱城院"中"停车早知道"场景界面

（二）通过车位信息引导屏现场高效引导

在校园主干道、路口等位置设置车位信息引导屏（见图4-20），向车主展示实时的停车位信息和导引信息，帮助车主快速找到空闲的停车位，不走"冤枉路"。

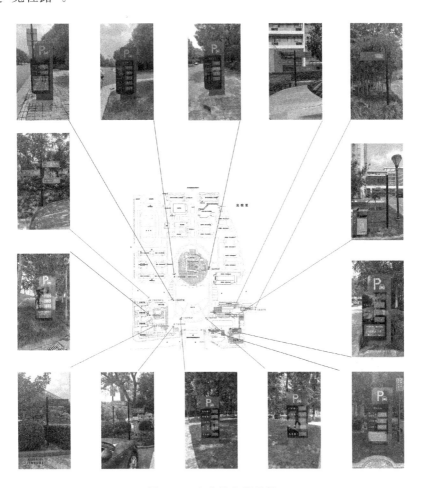

图 4-20　车位信息引导屏

（三）搭建平台端数据大屏数据赋能治理

智慧停车驾驶舱（见图4-21）提供了数据可视化操作界面，让管理人员能够更直观、高效地掌握停车位资源，也可在重大活动时对车位进行临时管控,利用数字化提升校园交通管理决策水平。

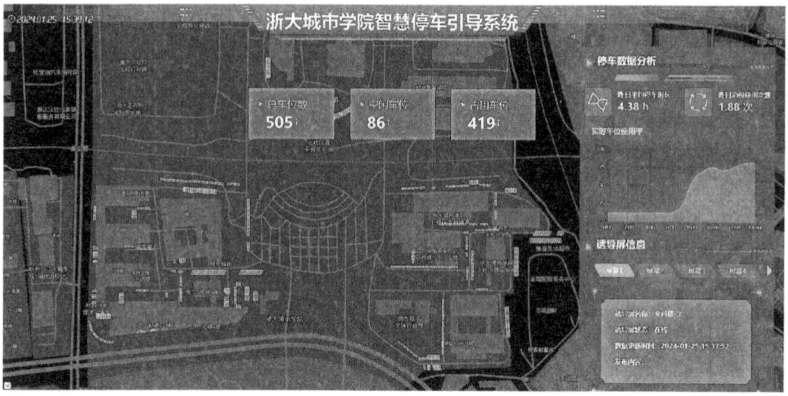

图 4-21　智慧停车驾驶舱

案例 6　"校园一体化运维"场景

一、背景

早期国内高校信息化建设并无一体化运维与 IT 服务管理的概念,一切业务流程、审批,以送审、逐级批复、签字盖章的纸质化办公模式来处理校园的日常信息化服务。随着高校 IT 信息化建设和校园服务的数字化转型,高校引入了大量的智慧校园业务系统,以无纸化新模式取代老旧的纸质化校园服务,至此校园活动中产生了综合运维服务的全新需求。

当前业界思考的重点已变为"如何更好地整合资源、高效运维和持续稳定交付,以便将 IT 与智慧校园应用深度融合"。因此,ITIL、ITSS、DevOps、ChatOPS 等运维界的最佳实践或理念标准开始被各大高校广泛引入和接受,信息运维行业开始逐步从初步的基础运维发展到深度的业务运营。其最终的目的在于以流程为导向,以师生为中心,在考虑高校实际 IT 需求的基础上,通过技术创新和整合、业务流程重组和内部管理变革实现 IT 信息化和高教业务的最大程度融合,建立规范化、一体化、自动化和智能化的高校 IT 运维体系,从而使 IT 成为真正能够支持高校信息化业务运作的第一驱动力。

城市学院随着"最多跑一次"改革的开启,持续引入和建设了大量的智慧校园业务系统,基础信息化架构和环境复杂度不断提升。学校全面推进数智治理空间、学生培养空间、教师发展空间、科研创新空间和智慧校园空间等教育教学数字化生态建设,以及超算中心、数字校园、校园大脑等项目任务的规划和建设。服务厂商多、设备类型多、大小应用多已经是当前城市学院的典型信息化特征。全体师生一方面体验了高速发展的校园智慧网络、智能终端、多样化应用,另一方面也产生了大量的维护、保障和追溯问题,因此持续开展了一系列的校园综合服务领域数字治理方式的探索和创新应用研究,并决定启动校园一体化运维体系的建设,从制度、流程、平台、人员组织多方面进行统一规划、统一建设、统一调度,实现城市学院信息化服务综合治理的新模式。

二、问题与需求

伴随着城市学院多年来的数字化建设,数以千计的智能终端设备和IT设备,覆盖南北校区楼栋、楼层、教室的十字形网络,高度集约化的智慧校园应用及服务校方的十余家信息化科技公司,使得信息化管理工作的复杂性和实时性要求越来越高,不可避免地出现了全校资产无法实时一本账、校园信息化服务健康状态无法实时感知、运维服务无法一体化闭环、服务质量无法科学多维度评价和全校管理视角的运营运维难等问题。

(一)实时准确的全校IT资产治理台账有待建设

覆盖城市学院数据中心和超算中心的全量基础设备、基础软件、智慧校园应用、终端智能设备的全方位资产管理,涉及的资产数量大、种类杂、关系多样,传统的手工管理方式存在资产数据分散、统计准确性差、维护效率不高、台账不清晰等问题。同时数据中心资产数据的维护人工成本过高,需提供设备入网的自动扫描、配置项属性自动发现、发现能力并按需进入规范流程管控等能力,从而提升资产属性自动化发现的程度,提高固定资产属性发现的效率和准确性。

(二)及时准确的校园信息化健康度感知有待完善

业务运行健康度是城市学院师生信息化体验的首要指标,而判断智慧校园的业务运行健康度面临工具短缺、监控盲区、数据孤岛、变化频繁、追踪困难等挑战。城市学院各级业务系统与数据中心中间件、数据库、服务器、云平台、网络设备、安全设备等的健康运行息息相关,因此信息化业务运行状态的及时感知、准确感知是保障稳定服务的第一前提。

(三)多渠道、多角色的服务流程闭环机制有待建立

城市学院现有运维服务模式主要还是用户通过电话、人工等入口,由信息中心业务负责老师通过电话或者"爱城院"等方式转派到相应的服务团队处理,当前服务模式缺乏多渠道的服务入口、规范的服务流程、标准的服务目录及有效的服务跟踪监管,导致一线师生的服务诉求响应度及服务质量无法得到有效保障,服务过程记录不明确、不完善,影响校园信息化的整体服务体验。

(四)科学客观、多个维度的服务质效评估手段有待形成

现有的运行保障工作主要是实施厂商和外包团队负责完成,而各团队之间的服务标准不完全统一,服务交互流程复杂,无法站在校方视角归拢服务流程数据,核心业务系统、核心 IT 资产、关联服务团队及日常故障事件没有形成统一化、业务化、标准化的可跟踪、可统计、可评估数据,导致统一服务管理和质效评价等工作难度较大。如何将 IT 技术视角的监测、服务数据转换为可查、可追溯、可靠的信息化质量评价数据,是亟须解决的业务问题。

(五)校方全局视角的运维治理新模式有待创新

校方需要快速掌握信息化服务的全局建设情况、运行质量、服务效率等,真正实现"看得见、管得全、判得准"。结合校园大脑的各类智慧应用,形成高校业务视角的运维专题;结合运维数据与智慧校园业务的有效关联,实现全校运维工作的多业务视角统一呈现,为综合运营管理做出高效决策支撑。

三、技术路径与治理方法

结合城市学院当前数字化转型过程中产生的运营和运维情况,需逐步建立统一运维服务管理体系和一体化的运维平台,实现自上而下多级统一管理,通过统一的运维体系,将运维管理规范化,有效实现监控一体化、运维自动化、分析智能化和数据可视化;将运维流程和运维工具相结合,打造管理统一、操作统一和服务统一的一体化运行支撑平台,辅助提升高校综合运维质量、效率和服务水平,提升校园信息化整体服务质量和师生满意度,为高校综合数字化治理赋能。

一体化运维平台建设的总体目标是为城市学院提供整合的校内信息技术支持平台,通过建设一个中心——"IVR"(Interactive Voice Response,交互式语言应答)呼叫中心、一大平台——一体化运维平台、一支专业团队——咨询服务座席团队(见图4-22),秉持渠道工单融合化、工作协同智能化、服务跟踪敏捷化、管理考核数字化、分析视图角色化共同打造,从底层基础设施监控,自下而上覆盖到上层业务应用层面,由被动监控到主动式故障自愈,通过对各类指标数据进行聚合,结合人工智能算法,对业务系统所需的资源进行评估,从整体出发,分析整体业务系统的变化趋势,实现真正的智能运维,从而实现城市学院信息化管理的集成、协同、高效、安全运行。

(一)校园多渠道统一服务受理

构建一体化运维呼叫中心统一服务受理机制,整个呼叫中心平台引入智能语音机器人平台,将知识图谱、实时处理、数据挖掘、智能语音等技术深度结合,采用"通信服务热线统一整合、业务集中受理、职能按责办理"模式,建设城市学院统一通信平台、统一业务平台,实现业务咨询、举报诉求的"统一接入、统一接听、统一办理"。建设横向到边、纵向到底的城市学院统一业务工单协同,实现城市学院所有职能部门业务工单全覆盖。多渠道统一服务受理工单流程见图4-23,改造前工单流程见图4-24。

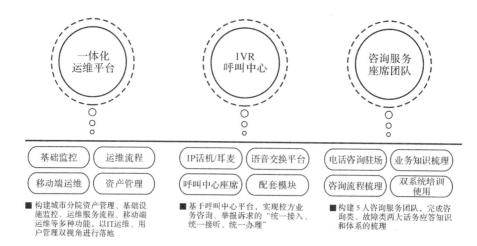

图 4-22　信息技术支持平台

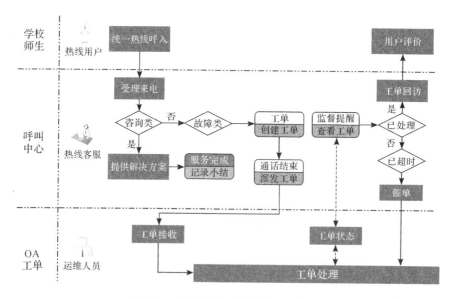

图 4-23　多渠道统一服务受理工单流程

(二)强化主动监控,实现集中管理

IT 基础架构是信息化建设的基础,所有业务系统均依赖于网络、系统、数据库、中间件、存储、应用服务等基础架构运行,各项资源的运行稳定直接关系到业务系统乃至日常业务工作的正常开展。因此有必要对这些分散的 IT 资源进行全面的监控,了解每一项资源的运行性能和健康状

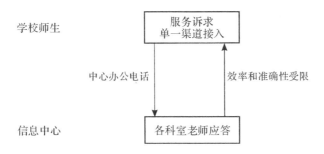

图 4-24　改造前工单流程

况,一方面通过了解资源的运行性能,分析资源运行趋势,掌握资源运行态势,能够进一步合理利用资源,为 IT 资源的使用、分配和调整提供容量依据,掌握资源运行规律,降低并规避各种运行风险;另一方面通过合理的阈值监控和告警机制,及时将 IT 资源的异常和故障情况快速告知运维人员,实现故障的快速告警、准确定位、及时解决,以保障 IT 资源的稳定运行。

(三)校园资产全生命周期治理

构建城市学院 IT 资源配置管理库,旨在建立统一的、集中的应用资源管理平台,实现面向应用的规范化、标准化管理。根据业务系统运行现状,建立符合业务架构现状及表现的业务模型库,并可视化展示业务配置,如业务组件、业务应用、基础设施之间的关系以及基本信息,实现故障资源的快速定位和影响面评估,并通过自动发现自动维护配置信息,减少人工维护量。

对高校多级 IT 资产统一的配置管理问题,可通过建立资源配置管理库、资源模型、资产关联映射、数据消费支撑等手段,实现资源盘点、容量管理等 IT 资源对象的全生命周期管理功能。

(四)一体化运维服务闭环

通过表单自定义、流程设计自定义、服务目录自定义、通知渠道自定义,同步设计移动端、电脑端、呼叫中心、监控平台事件的渠道接入能力,实现城市学院的服务工单分类,使服务工单系统更加专业化和个性化,提高工单处理效率,按照故障类、投诉类、咨询类、需求类等不同的业务场景进行流程细分,提供各自场景需要的信息、处理团队以及处理逻辑,不仅可以提高工单处理效率,也能保证工单处理的质量(见图 4-25)。对比改造前的运维服务(见图 4-26),工单系统新增多角色视图和多维度统计能力,打通了部门之间的协作通道,让任务的分配与流转清晰透明,使每一个环节的责任落实到人,强化协作成员之间的责任感,同时提高任务完成效率。

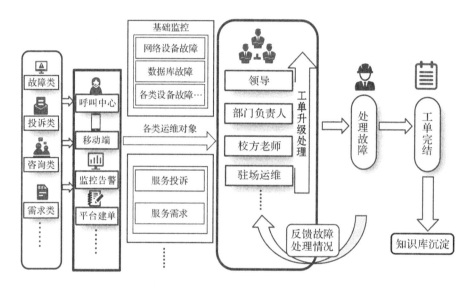

图 4-25 一体化运维服务闭环

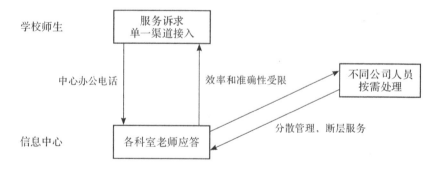

图 4-26 改造前的运维服务

四、实施步骤

(一)整体实施原则

1.快速响应、及时解决

以为城市学院全校师生提供快捷便利的IT和业务服务为基本目标，根据学校IT运行维护服务对象不同阶段的业务需求和内部人员结构实现个性化的服务管理模式。基于丰富的经验和庞大的服务体系，以座席团队驻场方式服务，使IT服务具有快速响应和及时解决事件的能力。

2.预防为主的方针

一体化运维服务平台旨在改变城市学院传统报障服务只是被动地接受问题并解决问题的特点，转型成以预防为主，通过实时的监控和分析发现IT应用系统中潜在的问题和风险，及时采取相应的措施以避免问题的发生。这样的做法最大限度地减少了校方IT应用系统故障的发生，保证校方IT应用系统稳定持续工作。

3.量化的服务级别管理

针对各方面IT服务的质量评估不再是一种模糊的概念，通过对服务过程中各项关键指标的持续监控，以关键指标量化方式定期按照建立的内部测评审核机制对关键指标达成度进行测量，从而实现服务过程的持续改进，保障服务质量的稳定和持续提高。经过多方磨合的服务级别将作为服务质量管理的依据，清晰明确的服务质量要求使得校方IT服务的管理更为有效。

(二)构建IVR呼叫中心

1.总体思路

系统采取硬交换平台，本地部署、完全的Browser/Server(B/S)架构，能够7×24小时不间断工作，无故障率99.9％，稳定性强。业务实现层也具有良好的开放性和可扩展性，系统功能丰富，数据报表多样，支持远程座席和软电话使用。

2.确定座席规模

构建不少于 10 个座席的规模,包括 2 个班长座席,8 个普通座席,1 个管理员,20 路 IVR 服务,10 路并发录音,录音至少保留 1 年,支持后续座席扩展。

3.实现线路联调与扩展

系统平台支持 IMS(IP Multimedia Subsystem,IP 多媒体子系统)线路、SIP(Session Initiation Protocol,会话初始协议)线路、模拟线路和数字中继线的接入,实现灵活的 IVR 配置流程,后续支持在线客服平台、智能机器人平台的扩展需求,以应对未来业务的扩展诉求。

4.系统集成对接

实现 IVR 自助查询系统和呼叫中心其他功能的系统对接能力,开放 CTI(Computer Telecommunication Integration,计算机电话集成)和 IVR 接口、客户资料等接口,同时,具备开放工单能力,实现一体化运维平台集成。

5.业务服务功能实施

能够实现来电弹屏、外呼电话显示个性化、客户资料管理、服务小结、工单受理、IVR 流程、录音和数据报表等功能,形成业务闭环。

6.终端接入实施

根据实际情况选择使用"IP 话机＋耳麦"的整套方案,或者可以灵活选择软电话的方式支持接入。

(三)构建一体化运维平台

1.一体化运维支撑框架

在保障校方 IT 环境与系统安全稳定的前提下,以城市学院资产配置管理数据库为数据基础,打通各个运维模块与呼叫中心,结合城市学院业务特色,整合全校运维服务资源,规范运维行为,确保服务质效,覆盖移动终端、电脑端、监控平台、电话座席多端渠道,形成统一管理、集约高效的一体化运维支撑框架(见图 4-27),从而保障校方 IT 环境安全、稳定、高效、持续运行。

图 4-27　一体化运维支撑框架

2.服务台模块构建

服务台管理是城市学院整个信息化运维工作的入口,也是运维整体情况的统计窗口。全校师生、服务厂商和信息中心管理人员都可以登录到服务台,按照不同权限查看和处理各自的工作。服务台管理为他们提供了运维所需的、最需要关注的功能和信息。

服务台的主要目标是协调全校师生用户和信息中心之间的关系,为IT 服务运维提供支持,从而提高用户的满意度。

服务台对来自用户的服务请求进行初步处理。当服务台预计在满足服务级别的前提下,无法有效处理或解决这些请求时,会将这部分请求转交给一线、二线或三线技术支持来处理,并跟踪事件的处理过程,更新事件记录。这样可以解决大量重复性问题,有效地降低 IT 服务支持部门的负担,提高 IT 服务运维的整体效率,降低 IT 服务运维成本。

3.基础网络环境监控模块构建

实现对城市学院校网路由器、交换机等网络设备的监控。当这些设备出现异常时,一体化运维平台会自动向运维管理人员发送报警信息。能自动识别网络中的网络设备(路由器、防火墙、交换机等),可以全面监测整个网络体系,例如,网络的联通情况及网络设备(路由器、交换机、防火墙)的状态,并能自动绘制出网络拓扑图。

4.基础设施监控模块构建

实现校方云资源、操作系统、数据库、中间件、应用等 IT 资源的实时监控,将监控采集到的数据进行统一处理,性能数据经过整理、归并与挖掘处理,为上层提供可靠参考,同时故障数据经过过滤、压缩、归并与关联分析,产生告警信息与事件记录,方便快速定位告警发生的位置和影响分析等。

5. 应用性能监控模块构建

在发现应用系统故障后,先从业务视角梳理拓扑,将业务和 IT 资源关联起来,快速分析对业务的影响,有效开展有针对性的运维处理。再从代码层面分析问题原因,包含端到端的调用链、异常堆栈、未释放系统资源、内存泄漏等,快速找出故障原因。

6. 运维管理门户模块构建

运维门户作为所有用户访问的窗口,采用 B/S 架构,以门户 Portal 技术实现,为系统提供模块化、可定制的集中统一的管理界面。通过各类子系统,将监控、资产和管理流程信息在门户中进行统一展示,使各项运维服务工作通过统一管理门户顺畅地进行处理,实现权限管理、账号管理、统一访问认证等功能。同时,集成资源配置信息、大规模监控信息、告警信息、报表统计分析、运维工单信息、运维态势视图展示等功能,让用户在统一的展现门户中完成告警管理、性能管理、工单处理、统计分析等日常运维操作工作。

7. 告警中心构建

通过整合平台监控的云资源、网络设备、操作系统、数据库、中间件和应用等告警和第三方接入的告警,形成统一告警管理平台。集中告警管理的目标是集合运维工作所关注的所有资源的告警,结合各种告警通知规则和自动化处理机制提高告警的响应时间和处理效率,配合运维考核制度,进一步规范运维管理工作。

五、建设成效

一体化运维平台建设围绕城市学院基础设施监控和工单全流程闭环,形成了城市学院综合 IT 服务的新型治理模式,与 IVR 呼叫中心充分结合,形成综合的一体化运维服务平台,基于传统网管、应用深度监控、主动模拟拨测、人工智能等多方面技术。统一服务热线和闭环处理机制的建立,方便了来电师生的业务咨询报障、用户需求、建议等服务的有效受理和处理,同时也解决了城市学院 IT 资产台账不清、服务质量评价难、服务提报难、故障响应不及时等现实运维难题,通过平台的建设,最终形成了服务质量、资产健康度、网络状态、团队服务效能等多维度的指挥驾驶舱(见图 4-28),第一时间洞察全校 IT 服务体验和服务质量。

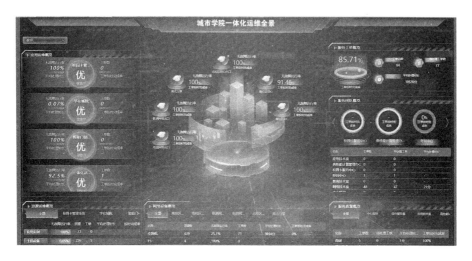

图 4-28　城市学院一体化运维驾驶舱

(一)质量可控的受理机制

平台目前已经完成了五名运维服务人员(一名团队主管,四名运维服务人员)的配备,匹配学生上课时段提供 7×13 小时值守和热线服务,平均电话接听率不低于 80%,平均电话应答时间在三次振铃以内,单个故障平均电话接线时间为三分钟,平均故障回访历时四小时,取代了平台上线前师生与信息中心的单线沟通模式,极大程度提高了服务效率和用户满意度。承接并受理了网络(有线、无线)、VPN 账号、邮箱、电脑端维护、统一身份认证、校园卡、校园通行码、城院通预约、"爱城院"、正版化软件、数字门户等业务的咨询和报修服务,截至 2023 年 11 月 20 日,已累计处理平台触发工单 1389 起,其中咨询工单 870 起(62.6%),故障工单 519起(37.4%),咨询类工单主要来自呼叫中心,故障类工单主要来自平台告警,处理满意度 90% 以上。

(二)融合高效的服务闭环

校园一体化运维实现了呼叫中心——一体化运维平台—咨询团队的服务管理闭环,搭建了多终端渠道诉求接入—平台智能工单生派—服务流程全过程追踪—服务质量结果评价的全流程闭环管理体系,提供了统一的师生综合运维服务门户和移动渠道(见图 4-29),作为师生自助式服务的申请和跟踪入口,全面覆盖信息化故障的快速预警、发现、定位及解决过程;并通过科学规范化的流程管理,保证故障、需求、投诉和咨询类工单由相应的人员采用合理的方式闭环处理和知识沉淀,不断提升城市学院信息化治理水平。自平台投入使用以来,形成了四大类校方角色、四大服务类型、201 种工单子类型的服务体系,师生报障的服务闭环时间从四小时缩短至一小时,全面提升了城市学院师生的日常生活服务、信息化服务的体验度。

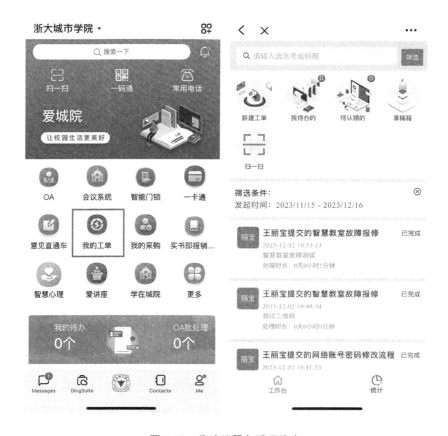

图 4-29　移动端服务受理能力

(三)准确感知的系统监测

平台构建了全校区的健康度感知体系,结合多种技术手段,全线接入城市学院南北校区各类 IT 设备、智能终端设备及校园智慧应用,共计 3000 余对象,通过丰富完善的报表和图档资料,为运行维护工作提供直观准确的健康度数据,准确分析信息基础设施的运行负荷,及时发现 IT 异常、产生事件并准确通知责任老师及责任厂商,并形成了城市学院"网络实时全景"(见图 4-30)和"系统实时全景"(见图 4-31)。截至 2023 年 11 月 20 日,累计处理"学在城院"、智能门锁、校园一卡通系统及 IT 资源的有效告警 180 条,告警发现、告警通知和告警恢复的总体时长相较于人工发现、人工通知、人工定位的时长缩短了 75%,IT 故障响应效率提升 75% 以上,规范了城市学院 IT 资产和业务系统的建设标准。

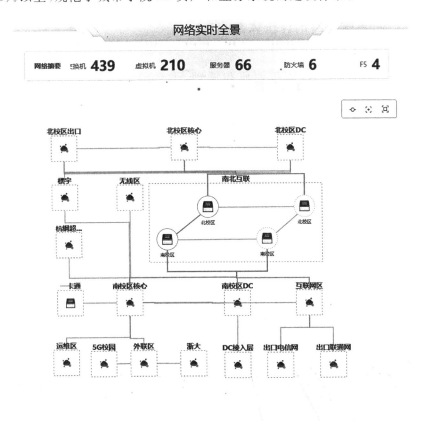

图 4-30 网络实时全景

图 4-31　系统实时全景

（四）贯穿始终的评价体系

通过深度的管理场景调研和梳理，平台形成了管理部门、业务系统、服务类型三大维度的工单统计分析和服务质量评价，实现了服务支撑效率、支撑成效、支撑工单量的科学评价，其中支撑效率以逾期工单数、逾期时长作为关键评估指标，支撑成效以工单满意度、工单解决率、一线解决率作为关键指标，并综合展示服务满意度评分，进而实现多维度的服务质量考核与评价，对服务人员进行有效监督和管理（见图4-32）。通过服务质量评价体系的构建，信息化公司故障类诉求的 SLA（服务级别协议）响应度提升 89.6％，信息中心咨询类诉求的响应度提升 100％，逾期服务占比下降到 0.2％，推动了整体信息化服务质量的不断提升，形成了符合城市学院要求的服务厂商和服务人员日常工作规范与制度。

图 4-32 系统维度服务效率分析

第二节 多跨场景

案例 7 "数智二课堂——爱活动"场景

一、背景

"一课堂"教学以外,高校普遍设有"二三四课堂",是培养学生德智体美劳全面发展的一系列教育教学实践活动,是培养学生读万卷书、行万里路,增强学生爱国情怀、社会责任、科学精神、实践能力的重要途径。数字赋能"二三四课堂"是城市学院数字化改革中学生培养空间的重要建设内容,通过构建"爱活动""爱讲座""爱劳动"等"爱系列"应用场景(统称为"数智二课堂"场景),为学生参与"二三四课堂"搭建了很好的平台。"爱活动"是一个集校园文化活动在线发布、报名、参与、素质分赋分于一体的应用场景。该场景本着高效便捷的理念,以更智能、更精准的运作方式,实现校园文化活动和参与学生之间的相互贯通。"数智二课堂——爱活动"场景(以下简称"爱活动"场景)于 2020 年上线,经过几轮迭代升级,截至 2023 年 9 月,已完成活动发布、学生端报名、签到、签退、关联素质分并自动赋分、活动黑名单产生等功能,实现所有活动线上留痕,素质分赋分无感化计入。

二、问题与需求

"二三四课堂"是大学生作为未来职业人,树立正确价值理念、精神品质的有效载体。所谓"二课堂"是指学生在校园内参加的各类实践活动和校内实践训练,通过参加科学研究、创新创业、文体科技竞赛、劳动活动等,提高实践能力。"三课堂"是指学生走出去参加公益活动、志愿者服务、社会调查等社会实践活动,通过关注社会、服务社会,培养学生的社会责任感和公益精神。"四课堂"是指学生在境外参加的各类学习实践活动,包括联合培养、交换生项目、实习实践、创新创业交流、学术交流、文化交流等。

活动是"二三四课堂"实现其目标的主要形式。传统的活动存在以下问题:一是学生无法及时获知学校发布的通知,导致漏报名或者晚报名;二是传统线下报名、线下统计需要耗费大量的人力、物力、财力;三是活动计分不及时,活动结束以后往往需要到学期末才能统一计分,导致学生素质分不准确;四是活动发布、学生参与、结束后活动赋分等环节未形成闭环。这些问题限制了活动效能的有效发挥,"爱活动"场景是针对"二课堂""三课堂"的一个应用场景,其为解决以上问题提供方案。

三、技术路径与治理方法

(一)以评价模型夯实底层逻辑

科学、完整搭建"二三四课堂"的评价模型,是达到以量化形式反映学生"二三四课堂"表现的前提。"二三四课堂"工作小组对模型进行了科学设定,形成了《我的第二三四课堂手册》,对各类活动的素质分进行规定。

"二课堂"模型由德育、智育、体育、美育、劳育五个模块搭建而成。德育模块由五个部分组成：一是参加微课、微电影、知识竞赛、征文、演讲等思想政治教育主题的竞赛活动；二是获得"优秀共产党员""十佳大学生""先锋学子""心灵使者"等个体荣誉称号；三是获得"五四红旗团支部""活力团支部""学风优秀班级"及各类"特色寝室""免检寝室""学习型寝室""文明寝室"等集体荣誉称号；四是参加校院两级各类思想政治教育、理论学习、榜样引领、心理健康教育等活动；五是通报表扬、批评、警告、严重警告、校级记过、留校察看等校内纪律奖惩。智育模块由创新创业活动、学科竞赛、学术研究等指标构成。体育模块由参加各级体育类竞赛活动、体育类文化活动、运动队训练，以及体育类证书等综合指标构成。美育模块由参加各级美育类竞赛活动、美育类文化演出、艺术团训练、校内人文类讲座活动等综合指标构成。劳育模块由参加"爱劳动"平台发布的服务活动、公寓活动、学生组织活动、创业就业活动等综合指标构成。

"三课堂"模型由社会实践、志愿服务等指标构成。

"四课堂"主要面向境外交流活动，学生完成境外交流活动后，向学院提交有关完成境外交流活动的证明材料，经学院和学校审核通过后，可直接获得第四课堂学分。

（二）以流程再造开创活动直达

"爱活动"场景是数字赋能校园文化活动建设的具体实践，核心是流程再造。通过对活动端和学生端的流程再造，"爱活动"场景实现了活动与学生的平等互动和信息直达。过去，学生无法及时收到活动信息，活动组织者无法广泛发动活动报名，无法及时准确掌握活动报名和参与情况，活动结束后需要手动为参与活动的学生录入"二三四课堂"分数。"爱活动"场景实现了活动在线发布，包含活动标题、地点、时间、范围等内容。学生可通过"爱活动"场景进行报名。"爱活动"场景支持扫码报名，报名人数达到最大参与人数，系统自动结束报名；支持二维码扫码签到和签退，活动结束以后，系统自动计分（见图4-33）。

（三）以数字治理提升活动成效

"爱活动"场景是一个在线活动管理平台，将活动的各个环节都进行

爱系列管理流程（学生）

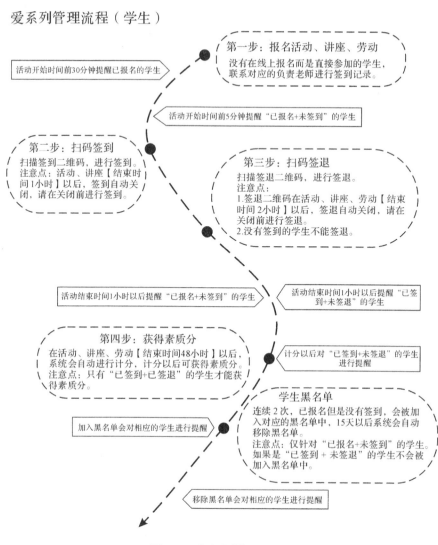

活动开始时间前30分钟提醒已报名的学生

第一步：报名活动、讲座、劳动
没有在线上报名而是直接参加的学生，
联系对应的负责老师进行签到记录。

活动开始时间前5分钟提醒"已报名+未签到"的学生

第二步：扫码签到
扫描签到二维码，进行签到。
注意点：活动、讲座【结束时间1小时】以后，签到自动关闭，请在关闭前进行签到。

第三步：扫码签退
扫描签退二维码、进行签退。
注意点：
1.签退二维码在活动、讲座、劳动【结束时间2小时】以后，签退自动关闭，请在关闭前进行签退。
2.没有签到的学生不能签退。

活动结束时间1小时以后提醒"已报名+未签到"的学生

活动结束时间1小时以后提醒"已签到+未签退"的学生

第四步：获得素质分
在活动、讲座、劳动【结束时间48小时】以后，系统会自动进行计分，计分以后可获得素质分。
注意点：只有"已签到+已签退"的学生才能获得素质分。

计分以后对"已签到+未签退"的学生进行提醒

学生黑名单
连续2次，已报名但是没有签到，会被加入对应的黑名单中，15天以后系统会自动移除黑名单。
注意点：仅针对"已报名+未签到"的学生。如果是"已签到+未签退"的学生不会被加入黑名单中。

加入黑名单会对相应的学生进行提醒

移除黑名单会对相应的学生进行提醒

图 4-33 "爱活动"场景流程

了数字化管理。相较于传统的线下活动，"爱活动"场景提升了活动的举办效率。在传统的线下活动中，活动的创建、分发、报名、签到等过程往往需要人工操作，耗时耗力。而"爱活动"场景可以自动化这些过程，大大提高了效率。并且"爱活动"场景可以让活动信息快速分发到整个校园，有利于学生更广泛地参与。相比之下，传统的线下活动的宣传和参与者往往受到地理位置的限制。"爱活动"场景通过线上报名和签到，可以准确地记录参与者的信息，有利于数据准确性，避免了传统的线下活动中可能出现的人为错误。

（四）以流程闭环升级活动智治

自动赋分是"爱活动"场景实现在线运行的最终目标。"爱活动"场景打通校园活动的信息壁垒，通过流程闭环，逐渐探索出一条清晰的数字赋能校园文化活动管理的新路径。学院或部门管理员在发布"爱系列"活动时，如《我的第二三四课堂手册》规定的需要赋分的各类活动，均需关联活动素质分，并在活动开始前和结束后，组织学生扫码签到和签退。学生参加"爱系列"活动，完成"报名""签到""签退"操作后，系统将于"爱系列"活动结束 48 小时后自动赋分。设置活动提醒功能、活动开始后未签到提醒功能、活动结束后是否获得素质分的通知功能，全面提升学生参与活动体验。

四、实施步骤

第一步：问题导向。传统活动发布存在学生无法及时获知、报名信息统计困难、活动计分不及时等问题，学生工作部迫切需要建设一个在线活动管理平台来解决上述问题。

第二步：确定方案。学生工作部、团委组织开展调研，明确需求，确定初级版本建设方案。2020 年 9 月，"爱活动"场景上线，管理员可以在线创建分发活动，学生在手机端查看活动详情并参与报名。

第三步：关联素质分。2021 年上线活动计分，将活动与学生"二三四课堂"素质分关联。

第四步：功能完善。2022 年上线活动报名二维码，活动分发范围新增寝室活动。2023 年 4 月上线活动报名表单管理。2023 年 5 月上线电脑端活动报名，发布范围新增职业生涯规划活动。

第五步：无感赋分。2023 年 7 月，团委牵头召集学院代表、部门代表和技术方召开工作座谈会，启动素质分无感赋分工作，明确计分逻辑，精简操作。9 月上线活动提醒功能，实现学生线上报名、签到、签退、平台自动赋分。

第六步：完善机制。2023 年 10 月，学校召开学生素质分无感赋分专题推进会,颁布《浙大城市学院学生"爱活动、爱讲座、爱劳动"场景使用说明》《浙大城市学院学生素质分无感赋分操作细则》两份文件,进一步规范平台使用。

五、建设成效

(一)活动参与"一键解决",实现学生精准便捷参与

"爱活动"场景将活动从线下搬到线上,学生足不出户即可轻松获取活动信息,社团活动、体育美育活动、学科竞赛活动等应有尽有。"爱活动"场景为活动选择提供可能,学生可以自由地在"活动超市"里选择自己感兴趣的活动,并在线一键报名参加。2023 年 1 月至 9 月,"爱活动"场景累计报名数达 3.1 万余人次。

(二)活动管理"一键解决",实现教师高效便捷管理

"爱活动"场景支持教师在线创建和管理活动,教师可以通过平台在三分钟内完成活动创建、分发,在活动结束后系统会自动提交计分。"爱活动"场景帮助教师解决了学生不知晓、不参与活动的问题。此外,"爱活动"场景设有"黑名单"机制,学生连续两次报名活动但不参加将会被纳入黑名单,半个月无法再报名活动,再次保障了活动的参与率,教师不用再担心学生报名但无故不参加的情况发生。管理员老师可以实时掌握活动的参与情况,通过参与数据指导后续活动的开展。2023 年 1 月至 9 月,"爱活动"场景累计发布活动 350 余场。

(三)活动计分"无感化",实现活动赋分闭环化

"爱活动"场景以活动"谁主办,谁负责"为原则,实现了从活动发布、二维码签到和签退、系统自动赋分的闭环。活动赋分是流程的最后一环,也是关系学生自身利益的关键一环。活动自动计分极大便捷了管理员老师和学生参与者,活动结束后 48 小时,老师无需操作,系统会自动为完成签到和签退的学生赋分,学生不用担心活动未被计分。"爱活动"场景提供的数据可以用于服务决策和研究,让学生全面了解自己在德智体美劳

各方面的表现，了解自身的优势和短板，激发学生自我成长的动力，全面记录学生学业生涯参与校园文化活动全过程。

案例8　"规划一件事"场景

一、背景

习近平总书记在全国高校思想政治工作会议上指出，要坚持把立德树人作为中心环节，把思想政治工作贯穿教育教学全过程，实现全程育人、全方位育人，努力开创我国高等教育事业发展新局面。[①] "全方位育人"要求将立德树人覆盖到课上课下、网上网下、校内校外，实现育人无处不在。"规划一件事"场景，立足于全程育人、全方位育人要求，以做优学生成长全周期导航生态链为目标，通过"爱规划""爱活动""爱运动""智慧心理""就业服务"等场景，为学生提供全方位服务，打造育人新模式。

大学期间，大部分学生对于未来人生的发展方向感到困惑，没有明确的职业生涯规划，自我发展随性；缺乏专业的职业规划知识，难以做出合理的发展规划；面临就业时不知道自己适合什么样的岗位，也不清楚目标岗位的要求，导致畏就业，难就业，缓就业……这些问题的出现大都是因为高校未能实现"有计划的自育"和"有组织的育人"。

"凡事预则立，不预则废"，一套完整的职业生涯规划系统、一个明确的人生发展目标对大学生的成长有着重要的作用。为关心关爱大学生成长，进一步引导学生建立科学的奋斗目标和正确的成才观念，城市学院充分整合教育资源和数字化育人手段，推出"规划一件事"场景，着眼于解决与学生职业生涯规划相关的痛点难点问题，夯实学生职业生涯规划体系：一是培养学生早做职业生涯规划的意识；二是提升学生做好职业规划的能力；三是配置校内外资源，助力学生达成自身规划。

---

① 习近平.习近平谈治国理政(第二卷)[M].北京：外文出版社，2017：376.

二、问题与需求

(一)学生角度

缺乏职业规划:许多大学生在大学阶段缺乏对未来职业道路的认识和规划,缺乏对不同职业的了解和评估,往往只是盲目跟风,选择在市场竞争激烈的领域就业,难以为自己合理定位和找到适合自己的发展道路。

自我认知不足:许多大学生缺少自我认知和自我评价的能力,无法准确地评估自己的优势和不足,难以找到适合自己的职业领域和职业路径。

价值观不清晰:部分大学生缺乏对自己的价值观和人生目标的清晰认识,过多地追求经济利益和个人资源,忽视了个人兴趣和志向,面临职业的迷茫。

岗位胜任力不足:许多大学生在求职过程中由于缺乏相关岗位的技巧和经验,难以匹配到合适的岗位,工作时或求职过程中运用现有经验难以完成任务,无法胜任相关工作。

(二)学校角度

针对学生职业规划困难、迷茫不定的情况,学校需搭建与学生之间的桥梁,努力做好沟通者、支持者、帮助者的角色。学校面临的困境主要是难以对学生做到精确的、个性化的指导。学校无法清晰、准确地掌握学生的个性化情况,导致无法对学生的毕业去向、未来规划进行精确指导。

学校还需搭建平台去统筹规划学生发展,实现测评、规划、指导一体化的服务,对学生的未来发展有一个具体全面的布局和专家引导。通过平台,提升服务能力,更加灵活匹配现有资源,有助于提高服务效率进而帮助学生做到精准规划。

(三)社会角度

由于全球化和信息化的发展,如今的就业市场竞争日益激烈,求职者数量众多,用人单位招聘标准越来越高,对于专业技能要求也随之变高。企业的岗位图谱与求职者的专业图谱不匹配,企业需要的人才与求职者拥有的知识、能力和信息都不匹配。与此同时,学校与就业单位之间缺乏信息互通机制,企业无法了解学生的个性化特征、就业意向及择业标准。

三、技术路径与治理方法

(一)技术路径

1.搭建全过程的"规划一件事"支持体系

"规划一件事"场景面向职业生涯规划系统,基于成长导航框架,围绕学生生涯规划、学校分类指导、多样化资源支持、实践与就业服务体系四个方面,建立全过程的"规划一件事"支持体系,其技术架构如图 4-34 所示。

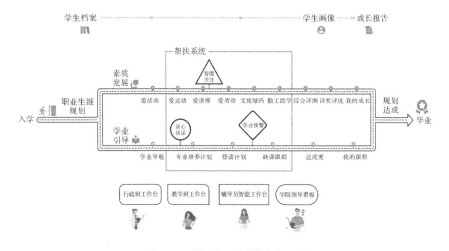

图 4-34 "规划一件事"技术架构

"规划一件事"技术架构整体由三个层级组成,分别为效果层、应用层和平台层。

效果层分为三个流程:收集分析学生档案、刻画学生画像和生成成长报告。效果层主要为学生呈现出最终结果,让学生切实体验到"规划一件事"体系流程,服务学生。收集学生档案,即通过平台及课程等多方数据收集分析出学生个性化特征。刻画数字孪生学生画像,即通过校园学习、生活、发展全留痕的多元数据采集,建构起初步的学生数字画像,刻画出数字孪生的学生。充分利用发展导航模型及过程数据平台,以职业生涯规划方式促进学生学业学习和素质发展的主动性,提升学生成长的自我督促与激励。结合上述两点,最终生成学生专属成长报告。

应用层分为三个步骤:集成职业生涯规划功能模块、建立学生帮扶系统和规划达成。

集成职业生涯规划功能模块包括以下几个部分。外部职业能力和性格测评系统集成:结合北森职业能力测评系统,方便学生快捷地完成相关能力的测评。学校职业生涯规划课程集成:平台集成了"学在城院"职业生涯规划相关课程,提供填报前的统一指导和学习拓展。平台根据学校需求提供多个阶段不同题型的定制化表单,在学生填报时可以根据需要展示相关数据,引导学生完成填报。数据看板:平台提供多维度的数据统计能力,按学院、专业、年级等提供不同的统计图表。同时根据毕业数据展示学生职业规划方向的达成率等信息。预约咨询服务:平台允许专家设置自己的擅长领域和可咨询时间,学生可以自主预约专家进行职业生涯规划相关的咨询;班主任辅导员老师也能够为学生分配推荐的专家。指导完成以后,可以查看专家的指导信息,并对专家进行评价。

建立学生帮扶系统,即结合学生职业生涯发展目标及规划,从素质发展和学业引导两方面建立帮扶系统,促进学生规划达成。通过"学业导航""专业培养计划""修读计划""缺课跟踪""达成度""我的课程"等模块,呈现学生专业学习情况;通过"爱活动""爱运动""爱讲座""爱劳动""文旅绿码""勤工助学""综合测评""评奖评优""我的成长"等素质发展模块,呈现学生素质发展情况。通过多环节多模块的行为数据碰撞和分析,全过程赋能学生自我认知、自我提升,赋能学校服务节点,为学生生成定制化帮扶方案。

最终规划达成,即在集成职业生涯规划功能模块和学生帮扶系统的帮助下,围绕学生成长目标,为学生匹配发展资源,最终达成规划。

平台层包含行政班工作台、教学班工作台、辅导员智能工作台和学院领导看板。建构数字驾驶舱动态调整就业服务供给,创建行政班、教学班、辅导员工作台、学院领导看板。不同权限关注学生成长,赋能学校管理、教育和学生的自我发展。

2.个性化定制职业规划指导建议

系统通过向内集成专业就业数据、"爱谈话"等核心数据,向外联通北森、智云课堂的相关数据,将所有数据汇聚至统一场景,为学生提供职业生涯规划中的指导指引功能,为学生的生涯规划书的制定提供支撑,并结合学生的规划目标,匹配不同的指导指引,提供相应的咨询与信息支持。

3.建构数字驾驶舱,动态调整就业服务供给

职业生涯规划系统支持学生从入学开始就可以构建自己的职业生涯计划。学生可以从学校"爱城院"的"学生工作"模块进入"爱规划(城院足迹)"模块,通过认识自我、认识规划、认识专业、自我规划、咨询指导五个阶段,实现职业生涯规划管理。

(二)治理方法

1.建立"一学期一规划"的基础工作机制

建立学生定时提交职业生涯规划书的基础工作机制:大一、大二年级学生以学期为单位,大三、大四、大五年级学生以学年为单位,通过系统定期提交职业生涯规划书。学生第一次在系统内提交职业生涯规划书时,需完成系统内置的职业生涯规划知识、全校及本专业学生近三年就业去向情况等前置学习任务。学生的职业生涯规划需在班主任、辅导员、专业教师、校友导师等指导教师的指导下完成,班主任和辅导员对学生提交的职业生涯规划进行分析,反馈建议和意见。

2.建好线上线下融合的职业生涯规划课程

依托"规划一件事"场景优化课程设置,学生在线下课程的相关记录或测试于线上有所保留,形成档案记录,可随时查看。此外,线上平台与线下教学相结合,有助于学生能够更加深入理解生涯规划的内容及意义,对未来的发展更加清晰,将"规划一件事"的效果发挥到极致。在大一学生必修课"大学生心理健康与发展"中设立"职业生涯规划"教育模块,实现对大一学生职业生涯规划教育的全覆盖;针对大三学生开设限选课程"大学生就业指导";大力加强课程质量建设,利用课程主渠道提升对学生职业生涯规划的科学引领。

3.多角色多元化的过程支持

丰富职业生涯规划系列活动。在学生中广泛开展职业生涯规划系列活动,如职业导航训练营、职业素质提升训练营、生涯嘉年华等项目,引导学生形成职业生涯发展的自主意识;每年开展一次校内职业生涯规划大赛,提升学生职业生涯规划能力,激发创新思维,提高创新能力,引导学生树立正确的就业观、成才观。

打造职业生涯规划品牌工作室。依托辅导员发展协会重点建设"大学生职业生涯规划"品牌工作室,引入辅导员、班主任、专业教师、校友、企业导师等校内外工作力量,面向学生开展个体咨询、团体辅导等职业生涯规划指导服务,同时积极对接和拓展社会资源,为学生发展提供持续保障。

四、实施步骤

第一步:夯实基础。2020年,城市学院建设学生信息系统管理平台,该平台联通了学校统一身份认证系统,为职业生涯规划的开发提供平台基础;2021年,学校购买使用的北森职业能力测评系统,满足学生职业生涯规划课程及咨询指导的需求;2022年,在大一学生必修课"大学生心理健康与发展"中设立"职业生涯规划"教育模块,实现对大一学生职业生涯规划教育的全覆盖。

第二步:问题提出。针对高校大学生缺乏职业规划、社会认知不足等现状,为进一步引导学生树立科学的奋斗目标和正确的成才观念,夯实学生职业生涯规划体系,加强教师对学生的发展成长引领,学校决定系统性推进职业生涯规划指导工作。2022年11月,学生工作部发布《关于进一步加强学生全过程职业生涯规划指导工作的通知》。

第三步:确定场景。2022年3月中旬,数字化改革专班共同讨论"规划一件事"场景建设工作,对于场景内容设置、场景与学校就业资源库及其他系统的数据打通等问题展开研究。同时根据场景的业务相关性,结合前期对于学生信息系统的应用总结以及职业生涯规划课程的建设情况,确立了"规划一件事"的场景建设。

第四步:明确建设方案。2022年4月,"规划一件事"场景建设启动实施,在需求调研分析的基础上,摸清现有资源,明确技术路线,构建场景技术构架图和流程再造图。

第五步:功能开发。2022年11月,完成职业生涯规划流程的制定。2023年1月,完成职业生涯规划第一个版本的开发,实现北森职业能力测评系统和智云课堂的数据对接,生成生涯规划预警,提供学生专业就业分析和第一阶段生涯规划书的定制,提供班主任对学生生涯规划的指导。2023年4月,上线生涯规划专家库,提供生涯规划专家,对学生进行规划指导。2023年5月,上线职业生涯规划的统计,方便管理员在线统计学生生涯规划的信息。2023年8月,上线第二阶段生涯规划书,针对不同阶段的学生,进行对应的生涯规划书的制定。2023年9月,上线不同阶段的生涯规划的统计和发展方向变化的统计功能。

五、建设成效

加强数字化引领,运用数字化思维,"规划一件事"场景集学生的职业生涯规划、分类指导、资源支持、就业服务等功能于一体,实现对单个学生四年规划目标变化的跟踪指导,并通过对全体学生相关数据汇总分析、资源精准配置等,助力学生规划目标的达成。增强对学生教育指导的针对性、有效性,提升学校生涯规划引领工作整体水平。

(一)学生角度:实现全周期全链条的职业生涯规划管理

实现学生"认识自我—了解规划—认识专业—制定规划—规划指导"五大步骤在一个应用场景中全周期全链条贯通,将职业生涯规划的引导和规划融入学生整个学习生涯,提供职业生涯规划的指导和帮助机制,促进学生学习过程和职业规划过程形成一个有机的整体(见图4-35)。帮扶系统智能关注学生需求,匹配资源,通过校内教育者和资源的供给,形成更加丰富的学生成长环境,提升学生专业水平与综合素质。

(二)教师角度:学生症结一屏了解

班主任可以查看学生的专家指导情况、不同阶段的生涯规划书、测评结果、发展方向的变化(见图4-36);动态掌握本班级学生不同阶段的职业

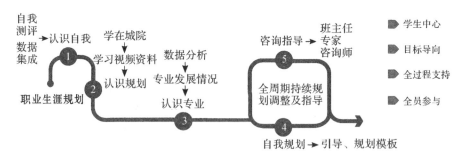

图 4-35 全周期全链条的职业生涯规划管理框架

生涯规划、测评结果、专家指导情况；有针对性地适时干预、正确引导、匹配专家、提供建议。

图 4-36 班主任管理界面

（三）学校角度：资历配置一屏掌控

1.优化供需资源配置

学校可以对学生的各种目标选择进行统计分析，了解学生的发展方向，以规划相应的资源投入，例如，针对竞赛的组织选拔、科研学生和教师的对接、考研辅导等，为学校活动、讲座等校园生活的开展提供数据支撑，并提供生涯规划专家库，对学生的生涯规划进行指导（见图4-37）。

2.引入和配置丰富的校内外资源

专业的职业性格测评资源。学生第一次在"爱规划"系统提交职业生涯规划书时，系统内置有兴趣、性格、价值观、技能等职业测评，助力学生完成职业性格测试；同时还内置有丰富的职业生涯规划知识及就业指导相关视频，帮助学生了解职业规划专业知识。

大数据集成的专业发展资源。学生可在系统内了解到全校及自身所在专业的学长学姐近三年就业去向、薪资情况、就业重点企业，以及自身专业在省内高校同类专业中的生态位等一系列图文并茂的数据，增加学生对专业的认识及对专业就业情况的了解，引导学生合理规划、努力达成。

优质的校内外导师资源。为学生的职业生涯规划引入班主任、辅导员、专业教师、校友等导师资源。指导教师可通过学生在校期间发展过程数据所形成的"学生成长画像"，了解学生的发展情况，对学生提交的职业生涯规划进行分析，反馈建议和意见，帮助学生科学制定自身发展规划。

海量的育人及就业资源。"爱规划"场景与学校就业资源库等其他场景及系统打通，可根据学生不同的职业规划匹配和推送不同的育人资源，如相关的职业技能培训活动等，同时能匹配和推荐合适的就业岗位等。

（四）社会角度：就业供需精准匹配

"规划一件事"的开展，提高了职业发展的透明度。数字化平台和

图 4-37　校级统计界面

工具可以为学生提供相关职业信息、行业趋势和就业市场数据,还可以为企业提供小型人才市场。企业可以更好地了解在校学生的职位供需状况,并精准地定位和寻找安排合适的候选人。

截至 2023 年 12 月,"规划一件事"场景已覆盖校园内近 6000 名同学,解决了相应难题与需求。通过数字化工具("爱规划")、资源引入及应用,"规划一件事"框架体系在多方面起到关键性作用。智能系统的注入成功实现为学生赋能,提高学生的自我认知能力,完善学生自我能力的评估,使学生搭建正确价值观体系,还能习得相关求职技巧经验。

案例 9　"入职一件事"场景

一、背景

自 2020 年 1 月转设公办以来,城市学院围绕发展战略规划和学科建设发展方向,加强人才队伍建设的顶层设计和科学布局,依托"名城名校"支持,实施"5215"高水平人才汇聚计划,大力推进高层次人才引进工作。近年来,城院入职报到人数逐年剧增,由此也带来了一系列挑战:一是突增的入职需求和工作量对原有的工作产生了冲击,需利用数字化手段提高工作质量和效率;二是在国际国内人才竞争日益激烈的环境下,学校不仅要以优越的政策吸引人才,更要用优质的服务留住人才,提升学校人才竞争力。

二、问题与需求

(一)程序较烦琐,入职进展无法实时跟踪

根据省、市事业编制人员招聘、录用及入编报到等流程要求,仅完成录用、政审、公示、备案、调档、入编等程序,就需要约 40 个工作日。入职程序烦琐、历时长,教师无法及时了解入职办理的进度,可能造成拟进教师流失。

(二)数据不对接,导致同类材料反复提交

入职过程中,需要在浙江省人事工资管理服务系统、杭州市人社局公示报备系统、编制实名制系统、高校人力资源信息系统、社保参保系统、财务信息系统等多个系统提交个人相关信息和证明材料,而且各系统因分属省、市及校内不同职能部门,无法实现信息对接,导致同样的数据需要多次输入。

(三)线下业务多,入职手续办理效率低

新进教师办理报到手续时,通常需要前往包括学院、财务处、校园一卡通中心、总务处、教务处等在内的 14 个地点完成报到手续。特别是当业务流程复杂或经办人员不在现场时,则须跑第二次,甚至更多次,给新进教师带来不便。

(四)未协同办公,人才服务需精准落实

为做好人才服务工作,城市学院提出"拎包入岗、拎包入住"的服务标准,但在落实方面,往往出现"人才—学院—职能部门"需求对接不精准,需求落实不及时的问题,无法实现所有新进人员到岗便能立即开展工作的服务要求。

三、技术路径与治理方法

面对新形势下的新需求、新痛点,城市学院借数字之力重塑治理思维,结合学校自上而下的顶层谋划和教师自下而上的需求反馈,梳理业务工作清单,科学谋划场景需求,建立全省首个打通省、市外部系统和校内各平台,实现互联互通,以高效服务教师入职,提供教师无感入职体验的"入职一件事"场景。通过内外数据实时对接实现"一表化",多个角色在线协同提升"数字化",多个业务在线联动实现"可视化",推动校务服务提质增效。

（一）流程再造

以往教师录用后，人才人事处按照入职流程需要多次以短信和邮件的方式联系学院和拟聘教师，学院和拟聘教师也仅能通过人才人事处了解入职进展；教师在办理入职时，不仅需要在多个平台重复录入信息，也需要线下前往多个部门办理相关手续（见图 4-38）。

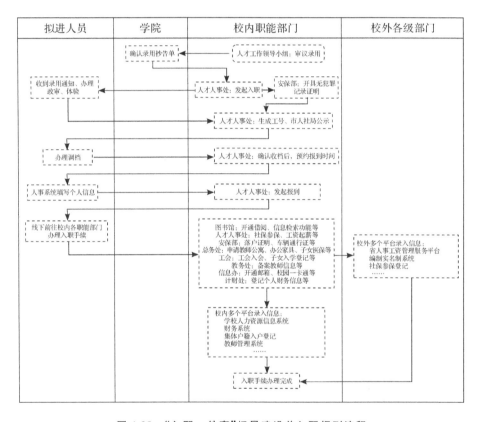

图 4-38　"入职一件事"场景建设前入职报到流程

"入职一件事"场景以提前设置好入职流程的系统提醒代替人工提醒，入职全流程可在线查询，在线完成教师"一站式"报到，实现教师"无感"入职（见图 4-39）。

（二）内外联通

依托浙江省人力资源信息系统数据基座，向内联通安保部、总务

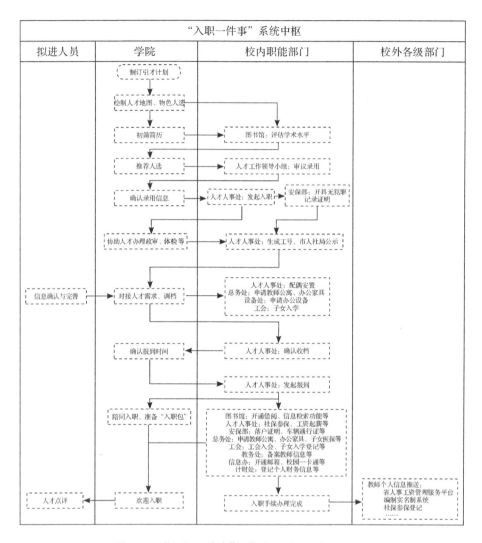

图 4-39 "入职一件事"场景建设后入职报到流程

处、图书馆、计财处等部门信息平台,向外联通省人社厅人事工资管理服务平台、职称评审系统,省教育厅学历学籍系统,省公安厅户籍系统等信息平台,实现数据融通,教师一键信息确认,工作人员一键信息审核,既提高了工作效率,也为教师提供了更好的服务体验(见图 4-40)。

四、实施步骤

第一步:问题提出。2022 年 1 月,在学院和新入职教师范围内进行

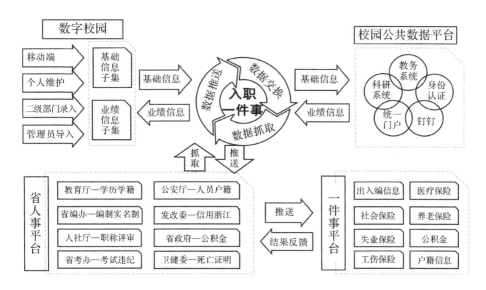

图 4-40　"入职一件事"业务逻辑关系

调研后,发现教师入职过程中存在进展不透明、入职过程烦琐、教师报到手续多等问题。

第二步:立项评估并确定牵头部门。2022 年 3 月,学校召集全体学院及相关部门对问题的成因、解决方案、成本等进行初步分析,确定人才人事处为牵头单位。

第三步:牵头部门提出场景建设方案。2022 年 5 月,对现有入职流程进行流程再造,利用数字化精简环节,提高工作效率,构建场景架构图,提出建设方案。

第四步:完成场景建设。2022 年 11 月,通过招投标等程序,确定场景开发公司。2023 年 1 月,完成"入职一件事"场景 1.0 版本的开发。

第五步:场景演示及迭代。2023 年 3 月,通过对"入职一件事"场景 1.0 版本的演示,在此基础上进行修订和完善,完成 2.0 版本的开发。目前,该版本已在使用,后续将根据实际情况,进行微调及版本迭代。

五、建设成效

(一)流程透明,减少拟进教师流失

在"入职一件事"场景中,教师入职进展全流程"可视化",拟进教师、学院随时可在线查看入职进程,避免因拟进教师不了解入职进展、沟通不及时导致的人才流失。以 2021 年、2022 年为例,学校录用后放弃报到的人数分别是 59 人和 50 人,而 2023 年仅为 3 人。

(二)数据对接,教师在线一键确认

"入职一件事"场景外接省人事、编制、工资、职称、养老、培训、户籍、学籍、人事考试、公积金十大管理服务系统,内联学校"人力资源信息系统"及其他业务平台,教师信息实时、准确、自动获取,教师只需一键确认信息。

(三)多跨协同,职能部门业务并行

"入职一件事"场景依托人力资源信息系统数据基座,联通安保部、总务处、图书馆、计财处等校内各部门信息平台,实现数据融通,工作人员一键信息审核,提高工作效率。校内职能部门审批流程由串联变为并联,教师平均报到时间由 1—2 天变为即时办理。

(四)数据共享,提升教师入职体验

通过"入职一件事"场景,实现以数据跑路代替教师跑路,从原来教师需要跑 14 个部门完成报到手续变为"跑零次";通过平台、学院与拟进人员的多维互动,全面了解需求,及时落实"拎包入岗、拎包入住"服务。

(五)智能提醒,节约人力资源成本

"入职一件事"场景根据设定的程序满足多种不同类型人员的入职手续办理需求,实现智能提醒和流程推进。以自动化的系统提醒、短信提醒、邮件提醒代替人工操作,大大节约了人力资源,也避免了人工操作带来的偶然失误。

案例10　"买书即报销"场景

一、背景

书籍是知识的载体,是人类智慧的结晶,更是人类进步的阶梯。高校图书馆通过建设具有学科特色的文献资源,为师生的教学与科研活动提供有效文献保障。然而,随着高校跨学科、产学研融合的发展,师生对图书的需求也呈现出新的变化,现有的馆藏文献资源已无法满足多元化的发展需求,特别是为了学术科研的需要,教师使用项目经费购买专业书籍的趋势持续上升。但高校项目经费购书手续繁杂的问题长期以来一直存在。据反映,哪怕只是买几本书,也需要完成各种签字、证明材料打印、票据填写等繁杂的手续,从选书、开票到报销完毕,这不仅浪费了教师宝贵的精力和时间,还对教学、科研的效率和质量造成了一定的影响。

解决项目经费购书"繁慢难"的问题,能让教师轻松愉快地购买适合教学、科研所需的专业用书,更能营造高校人人阅读、时时阅读、处处阅读的浓厚氛围,促进教师把更多的时间和精力投入教学、科研中,从而助力学校教学、科研,因此对项目经费购书报销服务再提升显得尤其必要和紧迫。

为解决教师项目经费购书报销难题,学校在2019年开发了"芸悦读"平台,在此基础上进行流程再造和提升,建设"买书即报销"场景。该场景打通了学校图书馆、计划财务处、信息与教育技术中心、第三方购书平台等数据,大幅简化了传统报销流程,实现了教师端"一键报销"。

二、问题与需求

经对财务管理制度、操作流程梳理,以及教师走访调研,高校购书报销的问题主要表现为以下几个方面。

(一)财务报销规定繁多,影响一次报销成功率

财务具有严格的制度要求和严谨的工作流程,以及详细的工作规范,而教师专注于教学、科研,对学校财务制度和经费财务信息了解极少。因

此，很多教师不知道哪些书是允许项目经费购买的，也不知道项目经费中哪一部分可以用来买书，购买图书的最高限额是多少，等等。而购书行为发生在报销行为之前，脱离财务信息的事前购书行为往往导致报销依据准备不充分、经费超支等情况，使报销过程中退回修改或无法报销现象时有发生。因此，教师购书过程迫切需要具有便捷报销功能的智治场景来辅助报销，促进项目经费购书的合规操作和顺畅报销。

（二）线上购书报销流程烦琐，支付流程未实现闭环

目前，教师使用项目经费在淘宝、京东、当当等网络平台在线购书较多，其报销流程比线下购书更加复杂。如在淘宝、京东等平台进行购书，需要将购书发票与平台上的购买记录进行核对，同时提供电子支付凭证以确保报销的规范性，然后到学校财务系统填写上传报销资料，再在线下投递纸质报销材料，需要切换平台进行多次线上及线下操作。支付场景与财务报销的分离使电子发票的便捷性得不到体现，加重了报销负担，也增加了财务工作人员对电子发票真实性和合法性的确认难度。

（三）购书报销不畅，挤占教师的教学、科研精力

教师是知识的传播者，而图书是知识的载体，教师需要通过阅读图书来不断更新自己的知识储备。越注重教学、科研的教师越会高频次地采购图书。购置图书行为具有小额、频繁的特点，每次购书后从票据的收集、整理、填写、签字到投递等报销流程既费人又费时，教师投入大量时间成本和情绪成本，影响着教师的科研专注力，需要彻底消除教师对报销的投入。同时财务工作人员需要对每一张发票进行单独处理，包括审核、分类、核算等步骤，占用财务人员大量工作时间，不仅存在审核错误或疏漏的隐患，也增加了会计对账的难度和时间成本。

三、技术路径与治理方法

购书报销生态建设包含了图书供应商的信誉和实力、财务的报销流程和制度、购置图书的合理性和合规性等，这些因素相互交织、相互影响，

共同构成了一个复杂且动态变化的购书报销生态,制约购书报销成效。"买书即报销"场景从以"图书票据为核心"向以"服务教师为核心"转变,前者以票据为导向,教师按票据报销步骤进行逐项操作;后者以服务为导向,通过让数据跑路,提高教师购书报销工作的联动性和协作性,构建购书报销新生态,为教师提供优质、便捷的服务体验。

(一)多跨协同,再造购书报销新流程

"买书即报销"场景依托校园大脑数字基座,向内融合学校图书馆、计划财务处、信息与教育技术中心等部门的核心数据(跨部门),向外联通网上购书平台(跨区域)、第三方技术支撑平台(跨区域)等相关数据,整合生态要素数据,实现数据交互、信息共享,再造购书报销流程。通过流程再造,打破原先"采、编、典"三步走流程,只需通过"爱城院"中的"买书即报销"模块完成购书一个动作,在成功下单的那一刻就意味着报销已完成,教师只要静等图书快递到家(见图 4-41)。

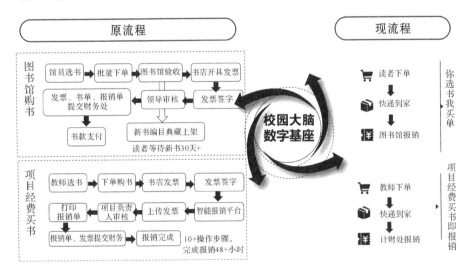

图 4-41 购书流程比较

(二)校企合作,搭建购书保障新渠道

为优化供给结构、提高供给质量、强化服务内容等,保障"买书即报

销"场景的购书体验,城市学院严谨筛选浙江省新华书店集团馆藏图书有限公司作为合作单位,同时积极拓展购书渠道。该公司与全国1000多家出版社和民营出版商有着长期的合作,具有丰富的图书品种资源,近五年出版的图书仓储现货品种超50万种,能提供优质专业服务和优惠价格,实现7×24小时的售后服务,具有强大的仓储物流支撑,服务高效,一般次日即可到货,并提供动态查询物流信息。合作单位的雄厚背景、超规模的仓储及强大物流确保了教师的购书需求。

四、实施步骤

第一步:建设基础。2019年,城市学院建设了"芸悦读"图书借购平台,该平台联通了学校统一身份认证系统、图书馆文献管理系统、浙江省新华书店集团馆藏图书有限公司的图书仓库管理系统和物流系统。再造传统借阅流程,实现线上下单、快递到家、阅后归还,图书馆与财务直接结算的快捷模式,满足师生对图书的个性化需求。

第二步:问题提出。2023年3月初,学校教师提出"买书报销烦琐"问题,为此学校将"买书即报销"列入数字化改革攻坚项目,切实解决教师的关键小事。

第三步:确定建设方案。2023年3月中旬,数字化改革专班会同城市大脑研究院、图书馆、计划财务处等部门,对买书报销难题的产生根源、解决问题的途径方法等要素进行梳理分析,同时根据场景的业务相关性,结合前期对"芸悦读"平台的总结分析,进行了流程再造,确立了"买书即报销"的建设方案。

第四步:场景建设方案。2023年3月下旬,"买书即报销"场景建设启动实施。一是进行需求调研分析,摸清现有资源、场景建设所需数据、要素变革及涉及单位,同时厘清相关法律法规、学校财务制度;二是明确技术路线,构建场景技术架构(见图4-42)、流程再造(见图4-43)。

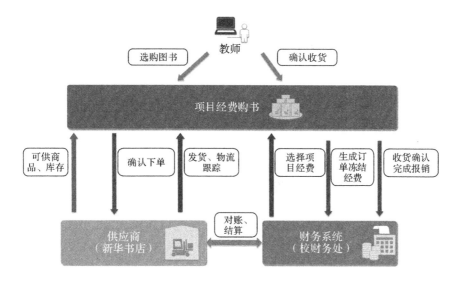

图 4-42　"买书即报销"技术架构

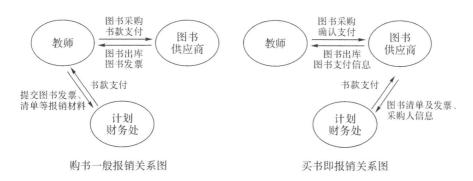

购书一般报销关系图　　　　　　　　买书即报销关系图

图 4-43　"买书即报销"流程再造

第五步:项目实施。2023 年 3 月至 4 月,图书馆会同计划财务处、信息与教育技术中心等部门,向外联通网上购书平台、第三方技术支撑平台等相关数据,实现部门协同,资源调动,力争在最短时间内完成场景建设。

第六步:场景上线。2023 年 4 月中旬,"买书即报销"场景建设及测试完成,在学校"爱城院"上线并投入使用(见图 4-44)。

五、建设成效

"买书即报销"场景以问题为导向,坚持改革突破、内联外通、多跨协同,推进体制机制优化、业务流程重塑、整体智治完善,这个场景从教师便

图 4-44 "买书即报销"用户端界面

捷买书需求出发,以合规为前提,真正体现了"以人为本"的治理理念,为教师和一线财务人员减负,是"两端同赋能"理念的典型案例,也为其他"打车即报销""出差即报销"等直达场景提供方法和路径。

(一)购书报销一键解决

"买书即报销"场景将图书报销繁杂的流程转变成"无感报销"。将书店等经销商资源、教师名下经费信息、学校财务报销系统等多方数据汇聚融通在一起,通过将财务制度规则、报销逻辑提前输入系统,各展所长、各取所需,省去了其中审核、投递等环节。教师只需从学校"爱城院"的"买书即报销"模块进入"项目经费购书"模块并确定购买图书,在成功下单的那一刻就意味着报销已完成。购书报销成本降低至零,彻底解决了教师的购书报销难题,让教师把更多的时间和精力投入教学科研和人才培养中。原先一位教师购书一次报销成功的投入时间约需两天,现在可实现一键下单、零秒报销。

(二)购书报销要素闭环高效

购书报销通常需要事后进行,涉及经办、证明、审核和审批等流程,但这种方式的时效性较差,缺乏监督,容易引发不规范行为,如谎报、虚报等。而"买书即报销"实现了购书报销的闭环管理,通过提前输入系统规则来代替人工审核。在全流程监管下,图书购买、发票管理、审核报销、资金支付等环节都有序进行,确保了购书经费使用的真实性和合法性。这种模式从根本上杜绝了重复和虚假报销的问题,同时促进教师科研经费的合理使用。图书购买情况的即时更新和汇总为学校提供了经费利用效率等的基本依据和判断支撑。

图 4-45 阐释了"买书即报销"场景的读者对象和选书内容检测规则设置方式,图 4-46 展示了项目经费数据的即时交互场景。

图 4-45　读者对象和选书内容检测规则设置

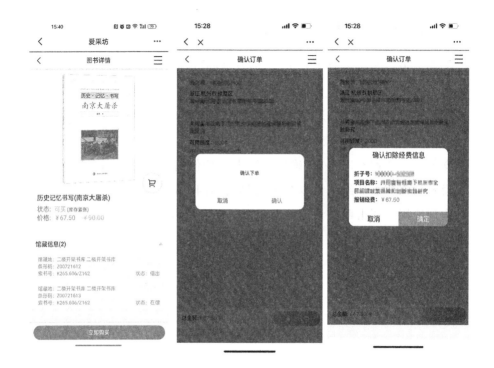

图 4-46　项目经费数据即时交互

(三) 管理效能快速提升

对于教师和财务人员来说,购书通常都是小额的高频行为,每次购书都会产生一次报销行为,这给教师和财务人员带来了很大的工作量。"买书即报销"场景打破了教师与财务人员之间固有财务报销分工协作思想,是一种全新的数字化治理理念,改变长期以来财务报销需由购买者本人或团队完成报销任务,转而由计划财务处直接对接第三方图书供应商来完成,通过双方系统的对接实现服务绩效的快速提升。"买书即报销"场景将财务人员多次的单独采购行为合并在一起集中报销,节省了工作量,降低了财务报销出错率。采购频次越高,节省的工作量就越大,"买书即报销"场景的应用成效就越显著。据统计,该方法可将以往全流程的最快实现时间从三天缩短到一天,整体提速了 66.7%,降低了财务成本,提高了工作效率。

案例 11　"意见直通车"场景

一、背景

为进一步畅通校内师生的意见建议渠道，做到师生有需求，学校有行动，城市学院按照统筹联动、整体智治、高效协同的原则，通过数字赋能，建立"意见直通车"场景，让师生意见建议实现一键直达，不断提升师生的获得感、幸福感和安全感。

"意见直通车"场景致力于解决城市学院师生在教育教学和校园生活中遇到的急难愁盼问题。学校师生可通过"爱城院"的"意见直通车"渠道一键提交，通过反映问题、接收分办、督办、部门限期处理答复、分管领导审核处理情况等数字化流程，师生的意见建议便可快速地"一键直达"职能部门，真正让师生的呼声有着落、有回应。自 2021 年 6 月上线以来，截至 2023 年 10 月 30 日，"意见直通车"累计收到和办理来自师生的意见建议 3800 余条，受到师生广泛好评。

二、问题与需求

（一）师生意见传达缺乏"双向"互动

校内师生在日常生活和工作中，如遇到急难愁盼问题，希望围绕学校建设和发展提出自己的一些意见建议，学校原设有"书记信箱""校长信箱""校领导接待日"等师生意见建议反馈渠道，职能部门也积极接收来自师生的意见建议。但师生在校内日常生活和工作中遇到问题时，有时不知该提交给哪个职能部门，在通过原意见反馈渠道提出后，无法了解自己的意见建议是否送达职能部门，因此师生虽有许多小意见或小建议，但真正通过"书记信箱""校长信箱""校领导接待日"等渠道反馈意见建议的数量比较有限。

（二）意见办理过程缺乏"实时"跟踪

过去通过"书记信箱""校长信箱""校领导接待日""校内论坛""贴吧"

等渠道反映的意见建议，师生对于什么时候开始办理，能不能落实，达到什么效果，无法进行关注和了解，管理人员在收到意见后的后续处理过程往往无法向师生提供实时的信息反馈。归根结底，就是缺乏"实时"进度的跟踪机制，信息公开不够透明、及时。

（三）意见办理结果缺乏"直达"反馈

过去缺乏意见办理的督促督办机制，承办单位、部门在办理收到的建议过程中，缺乏有效的压力传导，普遍存在缺乏动力的情况，最终导致好的建议无法落实，办理效果大打折扣，职能部门最终办理结果也无法第一时间反馈给师生，师生无法了解自己的意见建议是否落实，常常有石沉大海的现象发生。

三、技术路径与治理方法

针对上诉问题，城市学院推出了"意见直通车"场景，包含"我要反映""我要咨询""我有建议"和"书记校长信箱"四个模块。该场景通过反映问题、接收、分办、督办、部门限期处理答复、分管领导审核处理情况、反馈给学生的整体流程，形成了"意见收集—分拣—督办—反馈"的闭环机制。

（一）流程再造

以往反映人提出意见建议后，至少需要五个步骤才能得到学校职能部门的意见反馈（见图4-47），反映人及办理部门需要找时间进行沟通和反馈，现在师生只需在"爱城院"的"意见直通车"选择"我要反映""我要咨询""我有建议"和"书记校长信箱"其中一个模块进行提交，无论是作为"反映人"的师生，还是作为"审核单位"的学校信访室，还是作为"办理部门"的机关部门和学院，都能清晰地了解该意见办理的全过程进度。图4-48是以"意见直通车"场景中的"书记校长信箱"模块为例新表述的业务流程。

（二）业务协同

学校各部门需要协同办理的意见，相关部门之间都可以看到信息。

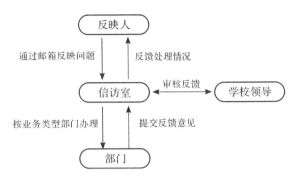

图 4-47　原有师生意见处理反馈流程

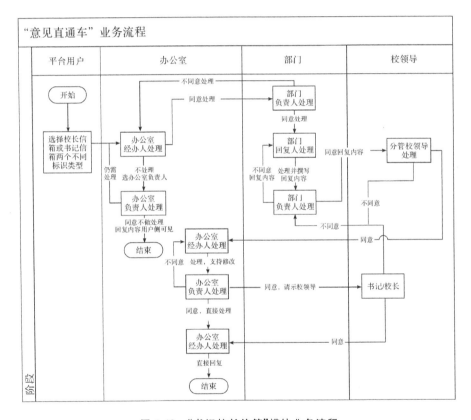

图 4-48　"书记校长信箱"模块业务流程

业务协同解决的是数据打通问题,由直通车分拣的意见可以直达各职能部门负责人。在数据流转中,各节点处理人员都可以看到整个信件的处理流程和办理意见,实现业务协同。

（三）督办闭环

每一条师生的建议经过"分拣"后，学校相关单位负责人会收到督办信息，通过督办系统的连接就能快速指派具体工作人员进行处理，对能就地解决的事项，由工作人员进行处理并通过端口或电话答复；无法即时处理的，由相关单位进行研究，并进行答复；对于逾期未处理的事项，系统会进行提醒，督促部门负责人及时处理。

四、实施步骤

第一步：问题提出。2020 年 8 月，在学校暑期务虚会上，教师代表提出希望增加意见建议直达学校的渠道。会后，办公室立即组织相关部门对"意见直达"建议进行初步分析，结合场景业务的相关性，由学校信访室牵头建设"意见直通车"场景。

第二步：确定建设方案。2020 年 10 月至 11 月，办公室通过调研，按照"意见收集—分拣—督办—反馈"的闭环机制要求，经过多轮研讨，形成了"意见直通车"建设方案和框架结构。

第三步：场景开发。2020 年 12 月至 2021 年 3 月，办公室协同开发单位构建了场景的技术架构图、流程再造图等建设需求，并开展应用场景的开发。

第四步：场景测试和正式运行。2021 年 4 月，办公室对"意见直通车"场景进行内部测试，经过多轮测试和完善后，于 2021 年 6 月 10 日正式上线运行。

五、建设成效

（一）及时解答困惑，真正实现全员全方位全过程育人

"意见直通车"场景的启用使城市学院所有部门都能直接面对学生，在意见建议处理上也能够更好地了解学生需求，引导学生成长，及时解答师生困惑，做到有效沟通。例如，学校在通过"意见直通车"平台收到学生

关于在教学楼、图书馆等地设置共享雨伞的建议后，学校总务、学工等部门专门进行了研究，并联合艺术与考古学院组织共享雨伞的设计活动，一大批带有城市学院印记的优秀作品应运而生，经评审城市学院艺术与考古学院 2021 级学生的设计稿"城院人共撑一把伞"脱颖而出，目前这些共享雨伞已经投放在学校教学楼、宿舍、图书馆等公共场所的门口。"意见直通车"场景不仅解决了学生的诉求问题，同时来自学生的诉求通过学生的专业知识给予了解决，丰富了学校实践育人的环境，构建了教书育人、管理育人、服务育人全员全方位全过程的育人生态。

（二）了解思想动态，有效发挥"前置预警"舆情管控功能

对师生意见建议比较集中的问题，及时关注、主动处理，并可以及时解决学生的一些诉求、心理状况和困惑，避免师生在校内论坛、贴吧上发表不妥的言论。"意见直通车"场景启用以来，城市学院每年收到师生意见建议 1000 余条，普通的意见建议多了，师生的网络舆情少了。2022 年底因新冠疫情，"意见直通车"平台陆续收到学生提交的希望提前考试、提前放寒假的建议，城市学院学工、教务、总务等部门联合研判，根据全国疫情防控态势、春运等因素，结合实际情况，及时提出调整 2022—2023 学年第一学期教学安排的意见。后来随着疫情防控态势的快速变化，不少学生再次通过"意见直通车"平台提交希望提前离校的建议，经综合研判，再次调整 2022—2023 学年第一学期期末教学安排，学生可自愿办理离校手续，开展线上教育，期末考试安排也进行了相应调整。由于学生的诉求有地方反映，并能及时得到回应，城市学院稳妥应对了新冠疫情期间的复杂舆情。

（三）师生意见直达，有效落实"以师生为中心"办学理念

"意见直通车"场景分为"我要咨询""我要反映""我有建议""书记校长信箱"四个模块，城市学院各职能部门和二级学院作为处理端，学校信访室为协调端。通过"意见直通车"场景，在校内师生和学校职能部门之间搭架起一座沟通的桥梁，有效解决了机关、部门与师生之间的沟通问题。"意见直通车"场景启用以来，在办理期限内，办理率达 100%，其中

涉及学生生活、学习相关意见占比超过58％,直接推动了学校相关部门管理服务提升改革,推进了诸如学生宿舍轮动改造、图书馆改扩建、"学在城院"建设等相关学校重点工作,切实地解决了广大师生碰到的困难和问题,职能部门管理服务的精准性、实效性也得到了极大的提升和改进。

案例 12 "决策一件事"场景

一、背景

党委领导下的校长负责制是公办高校普遍实行的领导体制,保障了我国高等教育事业的平稳和长远发展,并逐步发展成为一项具有中国特色的现代大学制度,取得了显著成果。自1990年以来,中共中央、教育部等先后出台关于加强高等学校党的建设的多个文件,逐步完善高校党委领导下的校长负责制的配套制度要求,对于高校党委会、校长办公会议事决策制度、协调运行机制、执行情况报告制度、"三重一大"决策制度、督促检查制度等内容做了进一步明确和规定。为健全完善普通高等学校领导班子议事决策制度,城市学院将需要多角色线下协同的议事决策过程整合成线上"一条线,一件事",建立了"议—决—办—查—改"的闭环运行机制,系统破解了学校党委会、校长办公会从议题申报到督办过程中的各类痛点,实现全流程的闭环运转机制,有力提升了服务效能,进一步赋能整体智治的校园大脑,把一体化数字治理思维贯穿于议事决策制度全过程。

二、问题与需求

城市学院多年来秉承改革创新的精神,采取行之有效的措施提高议事决策的效率,在科学合理安排最高议事机构党委会、校长办公会和落实会后督查督办的工作中进行了全面的探索和实践,但在具体实施过程中仍不可避免地存在有时"决策过程"没有留痕、"决策事项"没有落地、"执行结果"无法回溯等问题,具体如下。

(一)"决策过程"无法留痕,议而不决的现象有待改善

党委会、校长办公会的议事决策范围虽然根据中共教育部党组提供

的范本进行了规范,但在具体实施过程中仍存在决策程序不够清晰的问题,尤其是决策前的调研和论证环节不够充分,缺乏必要的风险评估;议题提交部门会前的沟通汇报不充分,未按规定在会前与每位决策领导进行磋商研究,决策领导的不同意见没有在议题内容中有所体现,导致会议决策有时难以达成共识,造成议而不决的情况出现。

(二)"决策事项"无法落地,决而不办的现象有待改进

党委会、校长办公会的议事人员主要集中在学校的决策层和管理层,会议决策由谁来部署、谁来落实、谁来问责的机制不够明确,会议决策缺乏及时梳理和逐级部署,执行人员无法全方位跟进"决策事项"督办过程,对决策事项的理解存在偏差或不清楚具体要求,导致个别议题落实时存在相关部门互相推诿的现象,因此急需规范化的督办流程来解决对学校集体决定的事项决而不办的问题。

(三)"执行结果"无法跟踪,办而不明的现象有待改良

党委领导下的校长负责制要求落实落细党委把方向、管大局、做决策、带队伍、保落实的职责,将党对高校的全面领导充分体现到学校章程和各项规章制度中,推进学校治理体系和治理能力现代化。但部门在执行决策事项的过程中仍然存在沟通汇报不足、反馈不及时、整改质量不高等问题,执行层面的办理结果如何向决策层和相关利益方反馈的机制不够规范,导致学校重大决策存在执行不到位、走过场等问题。

三、技术路径与治理方法

"决策一件事"场景坚持目标导向、效果导向和需求导向,通过"流程再造,一事通办;制度重塑,治理变革;督查督办,构建闭环"的数字化手段,进一步强化了高校党委领导下的校长负责制的可操作性和执行力度,确保了各项重要决策体现到相关制度中、落实到具体行动上。

(一)流程再造,一事通办

"决策一件事"场景基于学校内部的组织架构和人员名单,通过角色访问权限管理模型,将复杂度高、操作烦琐的传统线下决策流程凝练重塑为"用户—角色—功能模块"的三级应用流程。结合传统决策过程中的痛点难点,"决策一件事"场景从党委会、校长办公会的议题产生机制、决策前相关程序完善、决策后执行力度增强方面入手,根据学校"三重一大"事项范围、程序规则,将"重"细化分解,将"大"量化分档,规范了决策前的必经程序,强化了专项论证研究、风险评估、分管校领导审核、合规性审查、相关部门会签等重要步骤。通过在 OA(协同办公系统)中搭建统一门户,多跨协同人事系统、干部系统、督办系统等,将需要多业务串联的综合性事务整合成"一件事",构建了决策层、管理层、执行层多级统一的信息聚合,推动了决策的全过程规范(见图 4-49、图 4-50)。

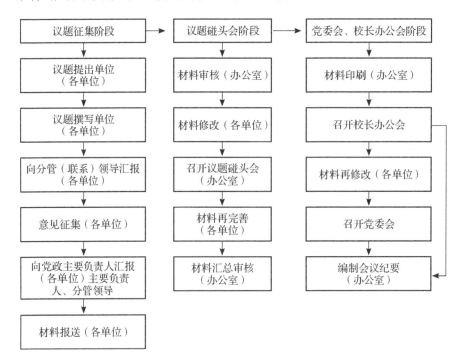

图 4-49 改革前党委会、校长办公会议题征集和会议流程

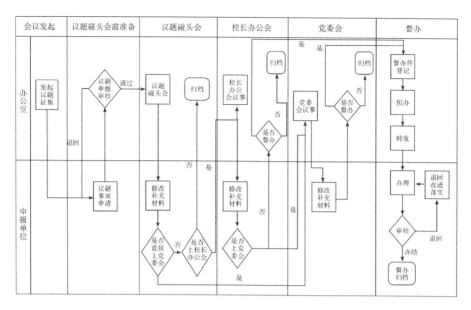

图 4-50　改革后党委会、校长办公会议题征集和会议流程重塑

（二）制度重塑，治理变革

"决策一件事"场景集成了决策过程中的海量数据，将传统线下决策过程中分散的、各自为政的治理模式向整体协同的服务模式转变，尤其是实时统计的功能使得年底数据自动纳入部门无感考核。"决策一件事"场景的变革实施路径催生了学校多项管理制度的重塑，如出台机关部门综合考评实施细则等带动全校整体智治。通过"爱城院"入口，学校领导、各职能部门主要负责人可以通过移动端或电脑端线上线下联动、随时随地开展决策事项的沟通与审批，推动学校治理体系的重构与变革（见图 4-51）。

（三）督查督办，构建闭环

督查督办工作是推动学校重点工作落实、确保政令畅通的重要手段。"决策一件事"场景搭建了从督办事项发起、分解、审核、执行、处理、反馈、监控到分析的全闭环数字化督查督办平台，支持多级督办工作下发、多级跟踪、逐级上报的多层次管控体系，多层次、多维度的督查督办权限控制，从二级学院到各职能部门一体化贯穿，工作一级抓一级、层层落实的督查

图 4-51 "决策一件事"移动端与电脑端界面

督办管理体系，建立了"议—决—办—查—改"闭环运行机制，从督办事项的产生到事项的执行跟踪再到事项的关闭，整个监督反馈流程都关联了议题事项决策的全过程（见图 4-52）。通过督办统计报表，学校治理过程中的关键绩效指标、进度报告和办理结果可以通过定期的评估报告、数据分析等方式进行跟踪和考核（见图 4-53）。

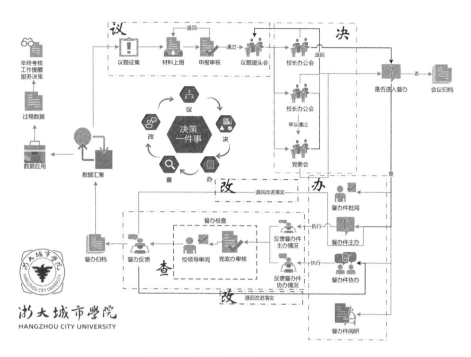

图 4-52 "决策一件事"全流程闭环

图 4-53 "决策一件事"驾驶舱

四、实施步骤

第一步:需求调研与分析。2022 年 1 月至 6 月,学校办公室牵头在校内进行了充分调研和沟通讨论,明确了"议题征集系统"的建设目标和需求,确定了系统的整体架构、功能模块、数据流程及用户界面等。

第二步:流程再造及场景开发。2022 年 6 月至 12 月,根据调研和框架设计的情况,学校办公室将"议题征集系统"升级为"决策一件事"场景,并对"决策一件事"场景的概念重新进行需求修订,与系统开发公司一起启动研发、重塑流程、定制测试等环节。

第三步:培训及应用推广。2022 年 2 月 14 日,学校办公室组织"决策一件事"场景业务培训,机关职能部门、相关研究机构主要负责人及OA 管理员,各二级学院党政办主任参加了培训会议。

第四步:正式上线运行。2023 年 2 月 15 日,"决策一件事"场景正式上线,《光明日报》《浙江日报》"学习强国"等媒体对此进行了报道。

五、建设成效

"决策一件事"场景通过流程再造、制度重塑、构建闭环,实现了决策事项的全链条管理,解决了传统议事过程中议而不决、决而不办、办而不明的问题,系统破解了党委会、校长办公会从议题申报到监管过程中的各种痛点难点,有力提升了服务效能,取得了五大建设成效。

(一)从被动应变到主动求变,实现决策过程科学化

自 2023 年 2 月上线至 2023 年 9 月,"决策一件事"场景迅速在全校机关部门推广并逐步延伸至二级学院,累计议题总数 273 个、议题类别61 类,平均一个议题的决策时间从七天缩短至三天。决策事项的前置程序完成情况、审批进度、决策依据得到充分公开,议题事项在决策前得到充分沟通酝酿和论证评估,为党委会、校长办公会的决策提供了科学翔实的决策依据,破解了传统决策过程无法留痕,经常议而不决的难点。

(二)从开环模式变成闭环模式,实现督办事项标准化

"决策一件事"场景构建的"议—决—办—查—改"闭环运行机制,加大了决策后的执行力度,同步上线的会议参会情况、材料上报进度、督查反馈情况等实时统计功能,推动了决策执行结果的及时反馈,关键绩效指

标、进度报告和定期评估可以通过定期的评估报告、数据分析等方式进行，以闭环反馈为依据为后续决策的修正和优化提供了技术支持。通过管理闭环，督查督办工作质量大幅度提升，督办办结率由以往的89％提升至100％，督办检查后退回整改的议题率降低至0.1％，破解了传统决策过程决而不办、办而不明的难点。

（三）从垂直管理变成扁平管理，实现管理效率最大化

"决策一件事"场景建立了跨部门、跨学院的协作机制，打破了不同职能部门、学院之间的界限，促进了信息的共享，各方之间可以更加灵活地与其他单位成员合作解决问题，组织内部的沟通和协作效率大幅提升，不同级别的教职员工有机会参与决策过程，推动了扁平管理的落地和实施，实现了议事决策和管理重心相对下移。截至2023年9月，全校有61名科级职员已熟练运用"决策一件事"场景上报议题，全校47名中层干部已通过"决策一件事"场景进行审批、请假、签到和查看会议材料等操作。

（四）从人脑记忆变成机脑提醒，实现管理业务规范化

"决策一件事"场景通过短信、应用程序通知、弹窗提示等多渠道自动化发送待办任务、截止日期、会议通知、预置议题提醒等信息提示，确保业务工作提醒能够及时地传达给相关人员，不受时间和地点的限制，促使决策流程更加自动化和高效，将教职员工从重复性劳动中解放出来，大幅度降低人力成本，提高了管理效率。使用"决策一件事"场景以来，议题延迟上报率从67％下降至零，部门预置议题的完成率由以往的63％提升至85％。

（五）从印象考评变成数据考评，实现综合考核精准化

"决策一件事"场景做到了决策过程都留痕，决策事项都落地，执行结果可监督、可回溯。通过集成处理决策过程中的各类相关数据，不仅可以客观、量化地反映所评估领域的关键绩效和表现，而且使用系统适当的统计分析使得沉淀数据最终纳入年终综合考核部门履职项的无感考核。因此，"决策一件事"场景挖掘了数据中的趋势和关联性，为科学考评提供了

数据支持,摆脱靠经验拍脑袋的现象。未来将为各二级单位数字化平台提供数据共享和标准模板服务,实现条数据向块数据的汇聚、裂变和融合,赋能校园大脑的各类应用场景。

案例13 "二级学院无感考核"场景

一、背景

二级学院作为高校的重要组成部分,其工作效能和治理水平是学校高质量发展的重要基础。针对二级学院的考评一般以年度为单位,从招生、就业、科研、教学、人才引进等各方面进行以定量为主、定性为辅的内部评价。如何运用综合考评为二级学院发展定方向、工作提效能、治理增水平是近年来高校发展过程中的一个重要思考。2022年底至2023年初,为推动二级学院形成比学赶超、奋进百强的良好氛围,城市学院结合《深化新时代教育评价改革总体方案》《浙江省普通本科高校分类评价管理改革办法(试行)》等文件精神与学校实际,制定了《2023年度学院综合考评工作实施方案》,并创新地提出实现学院综合考评无感化工作,将原先线下递交材料、考评打分、现场述职评议的二级学院综合考评过程整合进"无感化综合考评系统",通过对接学校各部处业务系统,对涉及综合考评指标体系中的各项数据进行自动抓取,自动计算完成对二级学院的考评工作,破解了原先线下综合考评向二级学院要数据的烦琐操作,以及考评工作透明度、准确性、客观性有待提高的难点。

二、问题与需求

二级学院的综合考评一直是城市学院发展中至关重要的一部分。多年来,学校秉持公开与公正的理念,通过各个部门的评分与年终述职评议等环节,对科学合理的综合考评进行了探索,但是在具体实施过程中,不可避免地出现"考评数据"较难追溯、"考评指标"较难个性化、"考评结果"决策单一等问题,具体如下。

（一）"考评数据"无法主动获取，各部门与学院年终考评时找数据、要数据的情况急需改善

在传统的考评模式下，各二级学院需要根据年度考评指标报送大量数据，面向不同的考评部门需要重复提交各类数据信息，这一过程无法反映真实的办学数据，既烦琐，又不精确。此外，在每一次综合考评中，各机关部门和二级学院需要多次提交大量的纸质或电子报表，这不仅消耗了人力和物力资源，还难以确保数据的公开性和准确性。

（二）"考评指标"难以体现学科特色，有针对性的学院综合考评体系有待改善

每年底，学校对二级学院进行年终考评，按照既定的考核计划有序进行。然而，由于资源有限，难以为各个二级学院量身定制适应其独特性的考评体系，或提出有针对性的发展目标。此外，传统的考核形式无法做到分类考评，在统一的考评指标以外，不同学院难以设立个性化的指标，只能通过年终述职评议环节来阐述各自学院一年来的特色工作。

（三）"考评结果"缺乏时效性，结果导向的管理决策难以有效利用

尽管学校严格按照既定的考核计划对二级学院进行年终考评，但每年度的一次考评结果仍难以追溯，导致在下一年度的考评中，前一年的考评结果难以被充分利用。此外，常规综合考评对于上一年度的学院发展结果具有较为关键的影响，一旦考核结果确立，似乎就定格了学院未来一年可以分配的资源。这样的综合考评无法让学校领导及各部门干部深入地了解学院发展中所面临的一些问题，并采取有针对性的干预和改进措施助力学院综合发展。

三、技术路径与治理方法

城市学院"二级学院无感考核"场景坚持目标导向、效果导向和需求导向，通过"流程再造，数据融通；制度重塑，决策透明；实时反馈，闭环管

理"的数字化手段,进一步优化考核科学性,提升目标实现的过程性引导和监督,确保最终目标的有效性,形成良好的干事氛围。

(一)流程再造,数据融通

"二级学院无感考核"场景基于各部门的数据源,通过自动抓取数据的管理模型,将信息收集难、精准度差、透明度低的传统线下考核流程凝练重塑为"数据集成—设定评价指标—数据抓取及分析—考评结果输出"的四级应用流程。结合传统考核过程中的痛点难点,"二级学院无感考核"场景从源头进行梳理,根据学校发展目标,细化分解任务,再根据每个部门的具体任务转化为可行的指标考核。启动数字中枢系统进行数据的实时抓取、呈现、汇总、分析,将科学处理的数据集合成科学、有价值的信息,输出形成"二级学院无感考核"分析报告,实现了决策层、管理层、执行层多级统一的信息聚合(见图4-54、图4-55)。

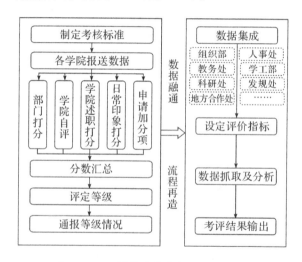

图 4-54 二级学院综合考评评价体系

(二)制度重塑,决策透明

"二级学院无感考核"场景通过自动抓取各部门数据,解决传统线下考核过程中存在的"看不清、看不懂、看不到"这几个问题。通过各项指标数据的智能化比较、分析和评估,将多维度的考核评价换算成一个具有统

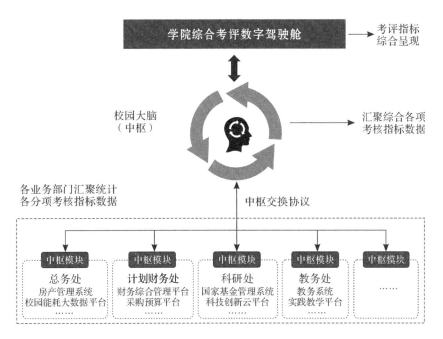

图 4-55 "二级学院无感考核"场景

一标准的值,以直接的数据读取替代原先由各部门打分的模式,以指标完成情况分析替代各二级学院述职评议,通过路径变革实现了决策过程的无感化、透明化,推动了考核的全过程规范、民主、科学和精准。

(三)实时反馈,闭环管理

"二级学院无感考核"场景通过数据的直接汇集、及时输出,可实现考核结果实时反馈,形成"考评结果输出—学院整改落实—数据更新反馈"的工作闭环。依托二级学院综合考评体系驾驶舱(见图 4-56),对专项考核指数、综合考核评价进行排序,以每月、每季度、每半年为单位输出考评结果,将平时考评与年终考评、单项考评与综合考评相结合,对二级学院的运行情况进行全面的评价。

四、实施步骤

第一步:概念提出。2023 年 4 月 27 日,学校制定并印发《2023 年度学院综合考评工作实施方案》,明确 2023 年度各二级学院的具体考核指

图 4-56　二级学院综合考评体系驾驶舱

标,其中重点工作考评占 50 分(满分 100),决定以无感考核的方式进行赋分。

第二步:指标量化。由于考核工作涉及部门多,且文理科学院在指标设置上存在差异,2023 年 5 月至 7 月,学校召开多次会议研讨,在"学院综合考评重点工作考评观测指标体系"基础上形成可量化、可读取的详细考核指标。

第三步:界面设计。2023 年 8 月至 10 月,对无感考核驾驶舱界面进行设计,并基本完成集成多源数据汇总、考核指标分类呈现、考核结果综合比对的无感考核驾驶舱模型搭建。

第四步:数据对接。2023 年 11 月,各考核部门根据量化指标体系进行驾驶舱数据对接,并同步传送打分说明,实现源头数据同步对接、驾驶舱界面实时更新。

第五步:结果生成。为保障考核数据的精准性,2023 年 12 月将部门对接数据与二级学院自测数据进行校核,通过数据精准化测试后生成最终考核得分,无感考核驾驶舱数据可直接应用于年终考核结果生成。

五、建设成效

"二级学院无感考核"场景通过流程再造、制度重塑实现了考核流程的规范化、便捷化,解决了传统考核过程中存在的数据归集困难、评价指标单一、考核结果难以运用等问题,系统破解了二级学院考评过程中的各种痛点、堵点,充分发挥了二级学院综合考评工作的指挥棒、风向标、助推器作用。

(一)化繁为简,实现考核方式便捷化

充分发挥"二级学院无感考核"场景信息容量大、数据集成性高的特点,将各部门分散实施的年度考评任务集中整合到"二级学院无感考核"场景中,打破了不同职能部门之间的界限,促进信息共享、决策互鉴。通过相关系统上传、推送任务等形式,抓取二级学院各项工作处理决策中的各类相关数据进行集成,系统自动对数据集进行统计分析,一键生成年终考评结果。

(二)多维评价,实现考核指标精准化

"二级学院无感考核"场景的应用,推动二级学院工作效能和治理水平评价实现从单项指标向立体指标转变,确保指标设置"精、准、实"。根据二级学院目标定位、现实基础等因素,合理划分类别,建立差异化考评机制,通过多维度的指标设置,将平时考核、重大项目考核落实落地,精准衡量同类考核主体的工作实效,以长期性的数据积累实现全链条考核评价。

(三)注重实效,实现考核结果多元化

依托"二级学院无感考核"场景,可实现考评结果的多元分析、及时反馈与线上公示,有助于了解二级学院在各项工作落实中存在的实际困难。各机关部门可依据系统化的考核结果有针对性地展开帮扶与指导,及时与二级学院进行沟通反馈,鼓励各学院找准差距、不断提升,在全校范围内形成比学赶超的良好氛围。

参考文献

［1］陈宏彩.数字化改革与整体智治:浙江治理现代化转型［M］.北京:中共中央党校出版社,2021.

［2］方洁.化入场景的治理:城市、数字化与立法［J］.浙江学刊,2023(5):12-23.

［3］傅志寰,吴志强.大城大道:中国超特大城市发展规模及结构战略研究［M］.北京:社会科学文献出版社,2023.

［4］格林.足够智慧的城市:恰当的技术与城市未来［M］,李丽梅,译.上海:上海交通大学出版社,2020.

［5］顾建民,等.大学治理模式及其形成机理［M］.杭州:浙江大学出版社,2017.

［6］杭州城市大脑案例课题组.城市大脑:杭州经典场景(2020—2021年)［M］.杭州:浙江大学出版社,2023.

［7］雷朝滋.推进教育数字化的实践探索与实施路径浅析［J］.大学与学科,2022(4):1-8.

［8］刘邦奇,王雅筱.区域教育治理数字化转型:挑战、逻辑框架与实践策略［J］.中国电化教育,2023(10):89-97.

［9］罗卫东.书山行旅［M］.北京:商务印书馆,2022.

［10］尼森鲍姆.场景中的隐私:技术、政治和社会生活中的和谐［M］.王苑,等译.北京:法律出版社,2022.

［11］潘懋元,李国强.2030年中国高等教育现代化发展前瞻［J］.中国高等教育,2016(17):5-7.

［12］世界慕课与在线教育联盟秘书处.高等教育数字化愿景目标与行动倡议——《无限的可能:世界高等教育数字化发展报告》节选七［J］.

中国教育信息化,2023(1):73-81.

[13]王坚.城市大脑下一阶段要让"路尽其用"[EB/OL].(2018-01-28)[2024-01-25].https://www.yicai.com/news/5396089.html.

[14]王坚.在EmTechChina全球新兴科技峰会上的发言[EB/OL].(2018-01-28)[2024-01-25].https://www.mittrchina.com/news/detail/1140.

[15]王坚谈城市大脑:算力时代面临,城市大脑是基础设施[EB/OL].(2019-04-23)[2024-01-25].https://www.tmtpost.com/3899262.html.

[16]韦斯特.规模[M].张培,译.北京:中信出版社,2018.

[17]徐莉,王默,程换弟.全球教育向终身学习迈进的新里程——"教育2030行动框架"目标译解[J].开放教育研究,2015(6):16-25.

[18]亚历山大,西尔佛斯坦,安吉尔,等.俄勒冈实验[M].赵冰,刘小虎,译.北京:知识产权出版社,2002.

[19]浙江省数字经济发展领导小组办公室,杭州市城市大脑建设指挥部.城市大脑白皮书(2020年)[Z],2020.

[20]Wang J.Being Online:On Computing,Data,the Internet,and the Cloud[M].New York:Arcade Publishing,2021.

后 记

城市学院校园大脑经过三年的探索和实践,已呈现雏形,并建设运行了70余个应用场景,在学校的教育教学和治理能力方面展现出了广阔的应用前景,也对浙江省内高校的数字化改革产生了一定的辐射效应。学校成功入选了教育部高校数据共享应用平台试点高校,取得了阶段性成果。

数字化是引领教育未来的动力引擎,通过数字化驱动认知革命,重塑大学治理模式是高校实现跨越式发展的突破口。城市学院面对转公后的发展新目标,派出不同学科的教师到杭州城市大脑指挥部挂职,学习城市大脑赋能城市治理的精髓,并将其方法论在学校内实践,形成了基于校园大脑的整体智治,成为赋能学校跨越发展的后发优势。作为一个教育数字化的初步探索,回顾和梳理校园大脑的建设历程非常必要,也期待与同行们一起不断迭代完善,塑造教育发展的新动能。

本书从策划、编撰到最终成稿用了大约半年时间。在这半年里,随着国家教育数字化战略行动的推出,教育领域的数字化改革迅猛发展,各个高校都在探索数字化在"助学、助教、助研、助管、助合作交流"等方面的应用,城市学院的校园大脑建设和本书选取的应用场景案例也在不断地迭代升级。这也充分说明校园大脑的后期建设空间还很大,编写组将定期汇集校园大脑的最新建设进展和经典案例,更新版本。

本书在编写过程中力求做到体系完整、表述清楚、定义准确、案例清晰,但因校园大脑是一项创新性和探索性的工作,内容难免有不当和疏漏之处,恳请广大学者、专家和读者给予批评指正。

徐慧萍

2024 年 4 月